Os pais têm filhos preferidos?

VILSON LANGARO CORRAL
PSICÓLOGO E ESCRITOR

Os pais têm filhos preferidos?

DESVENDANDO UM DOS MAIORES FENÔMENOS FAMILIARES

vitrola®

Direção Editorial
Vitor Alessio Manfio

Capa, Projeto Gráfico e Diagramação
Carol Palomo (Resumo Editorial)

Revisão
Priscila Câmara

Assistente Editorial
Tayná Werlang

A ortografia deste livro segue o Acordo Ortográfico da Língua Portuguesa.

Dados Internacionais de Catalogação na Publicação (CIP)
(Câmara Brasileira do Livro, SP, Brasil)

Corral, Vilson Langaro
Os pais têm filhos preferidos? / Vilson Langaro Corral. -- Frederico Westphalen, RS : Vitrola Editora, 2023.

ISBN 978-65-89711-99-5

1. Avós e netos 2. Narcisismo 3. Pais e filhos 4. Relacionamento familiar 5. Vida familiar I. Título.

23-160061 CDD-649.1

Índices para catálogo sistemático:
1. Pais e filhos : Relações familiares 649.1
Tábata Alves da Silva - Bibliotecária - CRB-8/9253

Vitrola Editora e Distribuidora Ltda.
Rua das Camélias, 321 — Aparecida — CEP: 98400-000
Frederico Westphalen — RS
Tel.: (55) 3744-6878 — www.vitrola.com.br

Sumário

Agradecimentos

Sempre será para Deus meu primeiro agradecimento. Embora tenha tentado com todo meu esforço e inteligência compreendê-lo, entendo que ainda não é possível dada a limitação humana, tanto de constituição físico-cerebral quanto de consciência. Entendo que posso pensar sobre Deus mas, por ora, não chegarei a um saber seguro sobre Ele. Na minha crença, milênio após milênio caminhamos até Ele.

Aos meus pais, que me deram basicamente tudo do que eu necessitava, nem sempre o que eu desejava. Entendo que a frustração é uma das melhores ferramentas na construção da dignidade, da honra e da nobreza humana.

Aos meus irmãos, que foram meus primeiros companheiros desta talvez longa mas, certamente, rápida viagem que é a vida. Com eles aprendi a compartilhar, dar e receber afeto, porque entre irmãos sempre haverá trocas afetivas, que na maioria das vezes são salutares e, quando não são, servem como aprendizagem.

Aos nossos filhos Gabriel, Bernardo e Bharbara, que já compreenderam que podem contar comigo sempre que necessitarem. Sigo o modelo em que acredito, porque algumas vezes frustrei-os também em coisas que desejavam. Procuro seguir um dos melhores modelos de afeto que existe: "O suficiente é o suficiente".

Um agradecimento muito especial à Mari'Stela, minha esposa; desde seus 15 anos de idade, quando não estávamos juntos, estávamos perto. Muitas vezes a vida afastou-nos, outras tantas, aproximou-nos. Imaturos, rejeitamos aos chamados do amor em vários momentos. Entretanto, como num passe de mágica, a vida, que compreendo ser a maior tecnologia dentre todas, uniu-nos para "sempre". Certo dia, após os insistentes apelos do amor, dissemos sim e decidimos largar tudo e todos para, finalmente, vivermos juntos esta incrível e desafiadora jornada chamada vida. Gratidão por fazer um prefácio afetuoso do livro.

Também devo a ela o primeiro olhar sobre todos os meus escritos. Na função de crítica literária, com sua análise inteligente, fez-me reescrever capítulos inteiros. Ela como psiquiatra, eu como psicólogo, trabalhamos juntos na nossa clínica de Psiquiatria e Psicologia. Também conhecedora das angústias e necessidades humanas, com sua exigente percepção trouxe valiosas contribuições para que meus textos fluíssem livremente com mais esmero. Meu coração está preenchido com sua presença na minha vida.

Aos pacientes e aos participantes dos meus cursos! Estas queridas pessoas desafiam-me a todo momento. Sem que saibam, renovam meus conceitos sobre tudo, dão muito mais do que imaginam e, de verdade, sem eles, o que eu realmente seria? Provocaram meu amadurecimento, meu crescimento tanto na inteligência racional quanto na emocional, e abriram minhas percepções espirituais, permitindo-me compreender que somos todos iguais diante das Leis da Vida. O que mais posso desejar? Chegam até o consultório com suas angústias, seus traumas e dores, fazendo com que eu esqueça das minhas. Aprendi que a dor do outro é tão ou mais importante que a minha. Algumas de suas histórias aqui são trazidas a público. As histórias são reais, porém os nomes são fictícios para protegê-los! Obrigado, por tanto!

Ao Edvanio Ceccon, corretor ortográfico desta obra. É a segunda vez que convoco o seu saber para meus livros! Com inteligência, perspicácia e conhecimento da nossa língua, deixou a obra mais clara, mais amadurecida na estética das letras. O Edi, como é carinhosamente chamado, possui singular inteligência e proficiência de mestre das palavras. Além de corrigir, guiou-me com seu saber gramatical, iluminando os escaninhos escuros, onde inadvertidamente eu, por vezes, perambulei. Edi também é escritor, tendo inclusive recebido duas premiações, na categoria de *contos*, em 2013. Em breve, poderemos ter a sorte de ver seus livros publicados! Nem todo aquele que deseja escrever é artista exímio das letras e palavras. Aqueles que escrevem, na maioria das vezes, têm ideais nobres e vontade de compartilhar suas buscas e descobertas. Os que leem, os que escrevem e os que revisam uma obra, são feitos dos mesmos sonhos, pois comungam da mesma essência. Ao meu querido corretor, dedico meu melhor apreço e profunda gratidão.

A todos os pais! Um amor especial a eles! Pelas sucessivas incompreensões que sofrem, pelas incansáveis acusações a que são submetidos, pelas críticas e cobranças sem fim que suportam desde que os filhos balbuciam suas primeiras palavras. Na maioria das vezes, são heróis sem capa, sem asas, sem varinhas ou escudos mágicos, sem anéis de poder e sem cursos de formação em magia e, especialmente, sem manual para criar filhos. Se realmente fosse fácil, não teríamos *milhões* de livros escritos para educá-los. Os livros são maravilhosos, não resta dúvida, mas muitos falam como se os filhos fossem iguais. Por vezes, esquecem que as pessoas são únicas, sem cópias, de personalidades e gênios diferentes. Somos seres singulares, o que complica muito para os pais.

Também dedico aos filhos, que são a razão da vida da maioria dos pais. Seres complexos, ambivalentes, preenchem os pais com amor e com preocupação. Sem dúvida, são o seu maior desafio. Os filhos são as experiências que mais os amadurecem! Quando me perguntam se deveriam ter filhos, respondo:

— Óbvio que sim! Filhos são um excelente tratamento para conter o egoísmo, para desenvolver empatia, dedicação, paciência, entrega, responsabilidade, generosidade e amor.

Na verdade, filhos são exercícios diários para o amadurecimento de todas as virtudes. Todas! Então, por que não os ter?

E, finalmente, ao amor! Este doce donativo criado pela Vida, que afaga nossas esperanças, que acaricia nossos sonhos mais distantes e que nos leva aos lugares mais sublimes a que um caminhante pode cobiçar.

Todos desejam o amor, mesmo os que juram que não!

Prefácio

É com muita alegria que venho apresentar esta obra inspiradora, instigante e maravilhosamente escrita pelo Vilson a respeito de um tema tão sensível na área dos relacionamentos interpessoais: a relação entre pais e filhos! Mais do que a relação entre pais e filhos, Vilson discorre sobre a dinâmica emocional que está por trás destes relacionamentos. Como nasce o amor, o desamor, o zelo e o cuidado que os pais têm pelos seus filhos e, além disso, como os relacionamentos se dão, ao longo da vida, entre este ou aquele filho em relação aos pais. Através desta obra podemos compreender como nascem os bons, os truncados e difíceis relacionamentos entre pais e filhos e vice-versa.

Obra escrita com maestria, de forma simples e fácil que permite a qualquer um que a leia compreender o link transgeracional das dores e dramas humanos. Mesmo sendo uma equação de difícil resolução, o assunto abordado traz à luz o que estava escondido, ofertando a possibilidade de iniciarmos, na senda da evolução moral e emocional, a busca de uma melhora e, talvez, com os éons, a cura da dor primordial humana: a de não se sentir amado pelos pais!

Falar sobre o autor e sua obra é um privilégio para mim! Para muitos, talvez possa ser tendencioso, sabendo que o Vilson é meu esposo e companheiro de todas as horas, literalmente! Vamos e voltamos do trabalho juntos, onde passamos a maior parte do tempo de nossos dias e compartilhamos também as nossas horas de descanso e lazer (risos). Temos três filhos, com os quais treinamos diuturnamente a difícil e mais desafiadora missão: a de ser pais e de exercitar aquilo que não aprendemos com nossos pais, e eles, com os seus pais e assim, em um caminho infinito de tentativas de acertos e erros. Afinal, são as experiências ao longo do tempo que melhor nos ensinam e aprimoram como seres humanos.

"Que atire a primeira pedra quem jamais errou". Somente os tolos julgam! Julgar os pais, jamais! Entender que todos, essencialmente, temos o mesmo funcionamento, sofremos das mesmas coisas, temos as mesmas dificuldades, alguns um pouco mais aqui, outros ali ou acolá.

É justo dizer que grandes obras vêm através de grandes homens, merecedores de tal feito e de tamanha inspiração divina. Vilson foi abençoado em seu trabalho de anos dedicados à Psicologia e à sincera arte de ajudar, com o entendimento deste funcionamento humano, que atinge a todos, sem exceção.

O autor trata dos relacionamentos entre pais e filhos trazendo muitas histórias reais, o que torna a compreensão do tema mais fácil e clara. Todas as histórias, independentemente de como se desenrolam, levam ao mesmo ponto: como cada um se sentiu olhado, amado ou atendido pelos pais. Como cada pessoa lida com essa dor. Alguns esperneando mais, sofrendo pelas escolhas mal feitas ao longo da vida, com o objetivo inconsciente de atingir àquele (mãe ou pai) que julga não lhes ter dado amor.

Obra fascinante, do tipo que se começa ler e não se quer parar. Em alguns momentos dá vontade de rir, em outros, de chorar. Faz pensar e repensar em como nos posicionamos diante dos diversos desafios que a vida nos impõe, do quanto, em muitos momentos, somos imaturos e carentes para lidar com nossas dores e vazios; de como lidamos com nossos pais (a quem devemos o bem maior: a vida) e da visão infantil de que os nossos pais nos devem algo. A cada instante da leitura, somos jogados do papel de filhos para o de pais (os que já são) e vice-versa. Também se torna inevitável olharmos para a forma como tratamos nossos filhos.

É mais uma obra do Vilson para ser carregada consigo, lida e relida, um guia para quem deseja ser um pai, uma mãe ou uma pessoa melhor. Para os filhos também se prepararem para a missão da maternidade ou paternidade. Para quem deseja compreender as suas dores e sofrimentos. Para quem quer tornar-se adulto e libertar a si, a seus pais e às gerações seguintes de uma cadeia infinita de sofrimentos.

Desejo a todos uma belíssima jornada no mergulho da leitura deste livro de tirar o fôlego!

Mari'Stela Teresinha Menegaz Corral
Médica psiquiatra, filha, mãe e esposa.

Apresentação

No primeiro livro, verbalizei que não era um escritor, mas que iria escrever alguns livros sobre relacionamentos. Trabalho bastante, ministro cursos e precisava encontrar tempo para escrever, porém não estava o encontrando. O tempo parecia esconder-se de mim. Um dia entendi que o tempo é um tesouro! E todo tesouro, em sua alma, anseia por ser encontrado para sentir-se útil. Um tesouro escondido não possui valor até que seja descoberto.

— O que você deseja? — perguntou-me o tempo.

— Um tanto de você! — respondi-lhe imediatamente.

— Encontre-me se for capaz! — disse-me o tempo com voz duvidosa.

Encontrei-o escondido entre alguns minutos do dia, outros da noite e outros tantos quando ele provavelmente fora visitar as estrelas, suas companheiras da parte mais escura da noite. Sem que ele percebesse, e talvez por ser tão ocupado, desfrutei de suas dádivas.

Assim nasceu este livro! Eu, o tempo, as estrelas e outro maravilhoso irmão de jornada: o silêncio! Juntos, escrevemos uma obra que certamente marcará o coração de muitos, dando-lhes respostas que há tempo buscavam e que, talvez, nem imaginavam existir.

***

É preciso falar daquilo que não é falado!

Citei, no meu livro *Casamento: como ferimos, como curamos*, que amo viajar de triciclo por alguns países da América do Sul. Em uma destas viagens, estava refletindo se deveria ou não escrever um livro a respeito de um tema tão complexo que estudo há anos: afinal, *os pais têm filhos preferidos*?

Recordo que estava caminhando pelo balneário de Piriápolis, no Uruguai, praia banhada pelo Rio da Prata, questionando-me se deveria ou não abordar um assunto tão problemático. Necessitava de uma resposta! Olhei para cima e pedi aos *céus* um sinal. O cenário remeteu-me à minha infância, na cidade de Tapejara, RS. Adorava deitar-me no chão, na posição decúbito dorsal (barriga para cima) para procurar nas nuvens formas que lembravam objetos, animais, ou rostos familiares. A brincadeira é mágica! Tendo imaginação fértil, são infinitas as possibilidades de encontrarmos imagens de coisas do nosso cotidiano. *Pareidolia* é o nome que é dado a esse fenômeno.

Novamente olhei para a abóbada celeste, com sua majestosa imensidão azul, esperando encontrar alguma nuvem que esclarecesse minha angústia. Mas naquele dia havia um lindo "céu de brigadeiro", sem nenhuma nuvem no horizonte.

Acredito que o que pedirmos de forma devocional, acontece! Olhei, então, para a água do mar e percebi que as ondas formam, na espuma, o mesmo fenômeno que as nuvens formam no céu. Nunca havia percebido isso! "Vi" camelo, jacaré, homem com barba, dragão, uma tartaruga e, pasmem, um livro! Diferentemente do que acontece com as nuvens, as imagens produzidas pelas espumas desfazem-se muito rapidamente. Foi o suficiente! Encontrei a resposta que buscava!

***

Nesta obra, lanço uma tese, uma teoria sobre o *conflito original*, o primeiro conflito entre pais e filhos, nunca estudado de forma profunda por nenhum tipo de terapia no Brasil e, talvez, no mundo. Após 26 anos de observação, de análise e estudos profundos, entrego aqui um dos mais valiosos conteúdos sobre a *dor original*, a *primeira dor* dentre todas as que temos com nossos pais, vista sob uma ótica inusitada. Se por um lado a perspectiva é fascinante, por outro, é uma impactante e dolorida descoberta.

É necessário, de vez em quando, rever e questionar as tradições, o conhecimento adquirido, aquilo que foi transmitido de geração para geração. Pessoas curiosas indagam, não aceitam facilmente qualquer conhecimento sem perguntar a si mesmas se as verdades aprendidas poderiam ter uma nova versão ou um novo olhar.

No campo do afeto e no terreno das relações humanas, é inteligência emocional rever temas que ferem pessoas, é prudente analisar e compreender dinâmicas que trazem sofrimento ao ser humano.

Escrever sobre temas complexos é jornada desafiadora. Fazer pensar, refletir, questionar é tarefa que muitas pessoas incumbem a si mesmas intencionando o bem-comum. Cada palavra rabiscada é intuída ou planejada para um propósito construtivo, quer seja consciente ou inconsciente.

Esta obra vai mexer com o nosso habitat emocional porque vai desalojar algumas crenças sobre as relações mais importantes de nossas vidas. Algumas coisas em que acreditamos ou fomos ensinados a pensar serão aqui questionadas. A ideia é desacomodar seus pensamentos, suas ideias. Somos treinados pela sociedade a pensar, ver e sentir com certo autoritarismo, sem dar escolha, muitas vezes, para ser ou pensar de maneira diferente. Por conta desta domesticação do pensar e do sentir, em vários momentos o leitor poderá resistir e até refutar o que irá ler. É natural!

Onde está o encanto se reforçarmos somente o que fomos treinados a aprender ou acreditar? A mente investigativa ama o contraditório porque faz pensar, desafiar-se e não crer somente por crer. A evolução anseia por novas ideias, novos dizeres, novas perspectivas. Eventualmente, todos nós possuímos novos olhares para velhas questões. No entanto, a exposição pode nos deixar vulneráveis ao risco e às críticas, e sujeitos a alguns desafetos. Tanto o silêncio quanto o barulho têm seu preço.

Freud disse: "O sintoma fala daquilo que o inconsciente está cheio". Desde que nascemos estamos enchendo nosso *copo* com tristezas, mágoas, decepções e outros males, especialmente por aqueles que nos são mais próximos e mais queridos. As pessoas que têm uma das missões mais nobres que um ser humano pode exercer, que é a da proteção, são as que podem nos causar os maiores ferimentos, os quais tornar-se-ão os machucados de mais difícil recuperação.

Esta obra é um alerta, um chamamento, um grito de socorro tanto para os pais quanto para os filhos. Até porque os pais também são filhos.

É de vital importância para todos que já são pais e para quem ainda pretende ser. Também, será de grande utilidade para os que desejam ampliar seus conceitos sobre a paternidade e a maternidade, sobre as complexas consequências da relação entre pais e filhos.

O mesmo vento que espalha o fogo, também pode apagá-lo, já advertia o pensador.

Também dedico para os que buscam conhecimento e autoconhecimento. Lembrando que todo saber que construímos é para nós mesmos e, em última instância, torna-se uma contribuição para a sociedade. Quanto maior é a consciência, menores são os danos para nós mesmos e para os outros.

Por isso, é dito que "crescer é um ato de amor". Muitos realmente têm conhecimento, mas ainda não atingiram a sabedoria. Somente quando o conhecimento passar pelo nosso coração ele poderá tornar-se sabedoria. Os sábios atingiram a maturidade espiritual porque suas verdades são direcionadas primeiramente ao coração e não à mente.

O autoconhecimento é o que pode mudar uma pessoa, mudar seus conceitos, sua visão de si e do mundo. Quando alguém cresce, de alguma forma, a sociedade cresce e todos ganham. Amadurecer é um dos maiores atos de amor a si e à humanidade. Muitos desejam amadurecer, mas não querem mudar. Não será possível. "Do mesmo modo que aquele que fere ao outro fere a si próprio, aquele que cura, cura a si mesmo" (Carl Jung). Sócrates também reconheceu isso com sua preciosa dica: "Conhece-te a ti mesmo".

Evoluímos quando ampliamos o conceito sobre aquilo que aprendemos!

Novos caminhos do conhecimento são criados constantemente pela humanidade. Cada geração dá alguns passos, e a seguinte continua. Desse modo, o conhecimento amplia-se de forma infinita. Não existe um limite para o conhecimento. O saber nos dá obstáculos, não limites. O limite é dado por nós mesmos, é estabelecido até onde conseguirmos ir ou desejarmos chegar.

Lembrei de Shakespeare: "Você diz que ama a chuva, mas você abre seu guarda-chuva quando chove. Você diz que ama o sol, mas você procura um ponto de sombra quando o sol brilha. Você diz que ama o vento, mas você fecha as janelas quando o vento sopra. É por isso que eu tenho medo. Você também diz que me ama".

Esta obra guiar-nos-á para onde tudo começou, para o início da angústia humana. Necessitamos voltar às nossas origens para encontrar respostas. O passado e o presente estão profundamente conectados, e as chaves sobre nós mesmos estão, todas, lá atrás.

A temática central da obra é muito atraente. Provavelmente, você não será a mesma pessoa após ler este livro. Não tenho dúvida de que a visão das pessoas mais importantes da sua vida poderá ser ligeira ou profundamente modificada. Seus conceitos sobre pai, mãe, filhos, irmãos e avós, inevitavelmente, sofrerão algumas alterações.

Seja bem-vindo ao meu mundo de estudos e observações sobre este tema complexo, conturbado, instigante, atraente e delicado. "Dialogar é dizer o que pensamos, e suportar o que os outros pensam" (Drummond).

De verdade, podemos fracassar em várias áreas de nossa vida, mas o fracasso do lar é um dos maiores pesos que podemos carregar. Por que digo isso? Porque é o que ouço diariamente! Apenas replico falas, compartilho experiências de consultório, dramas diários de corações aflitos e sedentos por respostas. A direção deste trabalho é para dentro da família, para alguns movimentos e dinâmicas que ocorrem dentro das relações de um sistema familiar. Tem caráter elucidativo e preventivo.

***

A capacidade de amar é construída nas primeiras relações. O que pode ser mais importante do que a família para o desenvolvimento do afeto?

A família é a base de tudo, simplesmente tudo!

É do amor dos pais que construímos a capacidade de amar e de se deixar ser amado.

Estamos neste planeta apenas para sermos felizes! Não seria esse um pensamento egoísta? Não seria mais digno crer que viemos a este planeta para construir algo para a coletividade? "Devemos lembrar que nascemos para fazer o bem a todos" (Sêneca).

Talvez um dia a temática deste livro esteja inserida nas universidades, pelo assunto ser tão relevante. Seria uma verdadeira epopeia para o conhecimento das relações humanas, uma incrível conquista no campo da saúde mental, notadamente da família.

Este livro conduzirá o leitor até o berçário dos seus problemas!

Boa leitura!

1.

Que dor é essa?

Muitos viram uma maçã cair, mas Isaac Newton foi o primeiro a se questionar o motivo.
Bernard Baruch

As pessoas buscam terapia por inúmeras questões: conflitos com pai, mãe, irmãos, namorado(a), marido, mulher, sogro, sogra, chefe, colegas de trabalho, traições de toda espécie, relações tóxicas, abusivas, problemas de gestão financeira, angústia, ansiedade, depressão e outros transtornos mentais.

Podem, também, buscar socorro por: problemas no seu relacionamento afetivo, para se separar, casar, reconhecer ou expressar sentimentos, controlar comportamentos danosos para si ou para outrem, evitar o uso abusivo de substâncias tóxicas, e tantos outros motivos. Basicamente, é impossível elencar todas as motivações que impulsionam o ser humano a buscar a terapia.

Auscultando corações, querendo ou não, adquire-se vasta experiência.

Posso assegurar que as queixas mais frequentes na terapia, tanto no consultório quanto nos meus cursos de autoconhecimento, estão relacionadas, em última instância, com os pais. De alguma forma, cedo ou tarde, eles surgem sempre nos processos de quase todas as terapias.

No meu livro *Casamento: como ferimos, como curamos*, a obra começa desta forma: "O amor inicia-se no lar. A dor também". Então, o lar é, basicamente, a fonte de todo amor e de todo desamor; é o local onde experimentamos, pela primeira vez, a presença do amor e a existência da dor.

Quem nos apresenta a primeira dor? Os pais.

Recordo-me que, nos primeiros anos de consultório, um fenômeno muito curioso, que muito me intrigava, estava invariavelmente presente no cotidiano da minha relação com os pacientes. Dia após dia, semana após semana, ano após ano, meus ouvidos, empaticamente, escutavam queixas relacionadas aos pais.

Qual foi a minha grande surpresa? A maior dentre todas?

Todos os pacientes, sem exceção, de alguma forma relatavam queixas mais doloridas e marcantes com um dos pais. Um número menos expressivo apresentava queixas de ambos. O que isso significava para mim? Que todos, simplesmente todos, *denunciavam* algum desafeto com um dos pais. Muito curioso, indagava-me!

A partir daí, comecei a observar esse fenômeno com mais cuidado e com bastante profundidade. Busquei estudar e investigar: que dor é essa que acompanha, invariavelmente, todo ser humano?

Quantos fenômenos psíquicos podem ser observados durante o processo terapêutico!

Depois de milhares de sessões analisando, estudando profundamente cada caso, observando cada história com o máximo de riqueza em seus minúsculos detalhes, cheguei a uma inegável conclusão. O fato estava consumado e o veredito sentenciado!

Sim! Temos uma dor maior com um de nossos pais.

Para alguns, o coração aperta um pouco mais quando fala da mãe, ao passo que, para outros, dói mais quando se refere ao pai. Em um grupo menor, dói, quase que igualmente, quando fala de ambos os pais. Observei, analisei, pesquisei proficuamente durante muitos anos, para afirmar, sem receio algum:

Temos afinidade, identificação, simpatia, empatia ou amor maior por um dos nossos pais.

Com sinceridade, não sei se temos um pecado original. Dizem as escrituras sagradas que temos, sim! Eu acredito firmemente que temos uma dor original, uma dor que carregamos desde "sempre", que surgiu em algum momento do nosso passado, especialmente com um dos pais.

Nossa dor primária teve sua origem na concepção, na gestação, no nascimento ou surgiu no primeiro "encontro" com nossos pais, quando nos deparamos com eles, quando os "vimos" ou os sentimos pela primeira vez. A bem da verdade, é difícil ou complexo demais precisar em qual instante essa dor nasceu, porque varia de pessoa para pessoa. Para a criança é difícil identificar o exato instante do surgimento da sua dor original, da sua primeira dor. Por qual razão?

O *fenômeno* acontece de cima para baixo, isto é, dos pais para com os filhos.

A *dor* é observada, sentida e experimentada sempre de baixo para cima, isto é, dos filhos para com os pais.

Afinal, temos um pecado original ou uma dor original?

***

Algo aconteceu conosco e com nossos pais, que originou uma dor de causa *desconhecida*, sobre a qual falaremos amplamente, capítulo a capítulo. Neste livro, busco trazer um pouco de luz sobre essa dor primária que originariamente está lá atrás, no nosso longínquo passado.

Às vezes, precisamos calar nossa voz, outras vezes precisamos soltá-la livremente. Para ambas as atitudes, necessitamos ser destemidos.

O que verdadeiramente aconteceu entre os pais e seus filhos?

Por qual razão?

- Amamos os pais de forma diferente?
- Temos maior afinidade com um deles?
- É mais fácil dizer eu te amo para um dos dois?
- É mais gostoso abraçar nosso pai ou nossa mãe?
- Temos mais prazer na companhia de um deles?
- Quando erram, somos mais complacentes e mais flexíveis com um deles?

Por qual motivo?

- Somos mais críticos e exigentes com um dos pais?
- Temos mais queixas e mágoas de um deles?
- Desejamos ficar mais afastados ou distanciados do nosso pai, da nossa mãe ou de ambos?
- Não querermos visitá-los com muita frequência?

***

Que dor é essa?

Perguntas, perguntas e mais perguntas. É provável que o leitor encontrará respostas para a maioria delas. Acompanhe-me na jornada!

O que dói mais? Sentir a dor ou fingir que ela não existe?

2.
O direito de pertencer

Cada machucado é uma lição. E cada lição nos torna melhores.
Game of Thrones

A primeira necessidade psicoemocional do ser humano é a de pertencer. O primeiro direito é o do pertencimento. Sem dúvida alguma, desejar pertencer é um sentimento natural e espontâneo ao chegarmos neste mundo. O sentimento de pertencer é essencial para a saúde, tanto psíquica quanto física.

Alguns acreditam que o primeiro é o direito à vida. Sim, todos temos o direito à vida, previsto e garantido por lei, pelas leis da Terra através de nossa Magna Constituição e pelas leis de Deus. Entretanto, caso o direito de pertencer não seja dado, a vida não acontecerá. Embora a vida se forme antes, com a formação do embrião, o direito para que essa vida se manifeste passa necessariamente pela autorização dos pais para que de fato se concretize.

No caso do aborto, por exemplo, em que os pais decidem por não ter o bebê, o direito de pertencer foi abortado e, por consequência, o direito à vida foi-lhe subtraído. Quando a opção do aborto é tomada, significa dizer que não queremos que o ser gerado venha pertencer e conviver conosco. Não vou entrar no mérito de se é certo ou errado, se é crime ou não. A questão não é esta.

A questão é o pertencimento!

Em todos os grupos, grandes ou pequenos, em todos os sistemas, de menor ou de maior porte, pertencer será requisito básico e fundamental para sentir-se bem ou confortável naquele ambiente.

Sentir-se pertencente atende a uma necessidade vital que é a de segurança e de preenchimento, que origina uma das melhores fontes de bem-estar. Basicamente, é quase impossível ser feliz se esta necessidade não estiver preenchida.

Nosso coração não terá paz se não formos aceitos por onde andarmos e pisarmos o solo. Não viveremos bem se o pertencimento não estiver atendendo à demanda que temos de nos sentirmos incluídos.

O pertencimento

Porque o pertencimento é tão importante para o ser humano?

Pertencer significa ser aceito, ser incluído, ser olhado e ser amado. Desconheço pessoa no mundo que não necessite disso. Nunca existiu e jamais existirá. Ser aceito é necessidade tão fundamental quanto o direito à vida porque, no fundo, ambos estão entrelaçados. Seria maravilhoso se houvesse na nossa e em todas as Constituições do mundo um artigo explícito dizendo que aceitar, incluir, olhar e amar fosse mais que um direito e sim um dever de todos, de lutar incessantemente para que nenhuma exclusão fosse permitida.

A inclusão sempre será um movimento altruísta, um gesto tão grandioso ou maior do que o próprio amor.

O que é o amor senão o movimento de inclusão no nosso coração?

Afirmar que ama e não incluir é uma falácia, um raciocínio falso e enganoso. Dizer que ama e realmente não incluir no coração é equívoco atraído para si mesmo. Em qualquer ambiente, quando uma pessoa não é incluída, um mal-estar se apodera dos seus sentimentos e de todo seu ser.

***

O primeiro sistema que encontramos ao vir para este mundo é o sistema familiar. Se nascemos, significa dizer que, de forma completa ou incompleta, conquistamos o direito de pertencer a esse núcleo básico.

Quem dá o direito de pertencermos, o direito da inclusão? Os pais! São eles que dão ou não o direito de pertencer. Ambos deveriam dar! É deles essa inegociável e intransferível atribuição.

Há uma expectativa por parte do bebê, de ser incluído por aqueles que, desejando ou não a gravidez, convidaram-lhe para entrar em suas vidas.

Entretanto, nem sempre as coisas acontecem como deveriam acontecer. De alguma forma, todos já perceberam que existem muitas variáveis e eventos inesperados durante a nossa vida, o que torna a jornada extremamente desafiadora, em vários momentos. A vida tem suas desconhecidas e inusitadas motivações que estão fora do nosso controle.

Neste processo complexo que é a inclusão, quando nascemos, pode suceder que algo não previsto aconteceu entre nossos pais e nós. Ocorreu um fenômeno de extrema importância que definiu de alguma forma a vida de todos nós. Aquilo que era para ser um fenômeno tranquilo ou espontâneo tomou rumos inesperados.

A tão desejada inclusão pode não ter acontecido!

Os pais, sem se darem conta, não incluem seus bebês, não os acolhem de verdade no seu coração, em muitos casos.

Sim, é isso mesmo! Por mais difícil que seja admitir, aqueles que deveriam incluir e dar o pertencimento, por razões simples ou complexas, não dão o direito de pertencer. É o que descobriremos juntos nos próximos capítulos.

Assim começa nossa jornada neste mundo.

O não pertencimento

A angústia humana tem sua origem no não pertencimento.

Todo vazio que alguém pode sentir provém da sua não inclusão ou da perda daquilo em que fora incluído. Basicamente, a insatisfação que algumas pessoas sentem de forma profunda e inexplicável tem origem na rejeição original, tema central deste livro.

A exclusão causa dores profundas de difícil trato.

A dor de não pertencer, sem dúvida, é a maior dor que o ser humano pode experimentar. Certamente que marca de forma profunda. Para alguns, para sempre.

Não pertencer significa ser rejeitado, excluído, não aceito, não incluído, não olhado. *Todas estas denominações significam, em última instância, não ser amado.* É isto mesmo, tudo o que não incluímos é o mesmo que dizer: — Não queremos ou não estamos disponíveis para amar. Desejar amar não significa estar disponível para o amor. Por mais que seja dolorido admitir, não incluir é dizer rudemente a alguém que não queremos amá-lo. Isto dói e não é pouco.

Não pertencer nos torna vulneráveis demais.

Algumas pessoas têm dificuldades para incluir com naturalidade outras pessoas na sua vida ou no seu ambiente de trabalho. Numa turma de amigos, por exemplo, quando alguém traz um novo integrante para o grupo, algumas pessoas têm facilidade para incluí-lo e outras não. Parece que o novo integrante tem de provar que tem algum valor para pertencer ao grupo. No ambiente profissional, quando um colega vem transferido ou toma posse no trabalho, alguns darão o pertencimento espontaneamente, ao passo que outros darão indiferença ou rejeição.

Dar indiferença é o mesmo que não dar!

O que pode ser mais indelicado? Afinal, damos de verdade o direito de pertencer aos que estão próximos ou fingimos dar? Nós realmente pertencemos ou fingimos pertencer?

Cada pessoa que se vincula a um sistema necessita ser reconhecida, respeitada, ocupar um lugar e uma função (papel). Quando um grupo não inclui um ou mais membros, haverá um desequilíbrio naquele sistema e os próprios membros denunciarão, de forma consciente ou não, a sua exclusão, com conflitos, doenças, agressões, desrespeito, ou com comportamentos imaturos e vingativos.

A exclusão gera revoltas e sentimento de vingança, contra si e/ou contra alguém.

Quando garantimos o nosso lugar — na família, nas amizades, nos relacionamentos, no trabalho, nos grupos sociais —, estamos conquistando um grande sentimento de segurança, que é uma emoção primordial para o desenvolvimento pessoal e emocional.

A fragilidade humana tem sua origem no não pertencimento.

***

Ao longo deste livro, a temática principal será sobre a inclusão-vínculo-pertencimento. O tema poderá ser dolorido, mas será muito esclarecedor!

Um amigo recomendou: "Cuidado com as palavras escritas, pois são mais comprometedoras do que as palavras somente ditas". Ele tem razão. O dito tende a desaparecer mais depressa que o escrito. Lembrando deste sábio conselho, serei o mais cauteloso possível para tocar em temas muito delicados, onde o pertencimento, a inclusão, a rejeição, o fluxo do amor e do desamor contínuo serão abordados de uma forma com a qual poucos se atreveram a olhar e a reconhecer como uma possibilidade verdadeira.

Não é mais possível fugir desse grande tema. Negá-lo ou não o admitir é uma viagem mais confortável do que enfrentar. Freud sabiamente disse. "A fuga é o instrumento mais seguro para cair prisioneiro daquilo que se deseja evitar."

Amar sempre será tarefa para os adultos. Relacionar-se também!

3.
Os fluxos do amor

Os relacionamentos nunca morrem de morte natural.

Autor desconhecido

Organograma é um gráfico visual que representa a estrutura e a hierarquia de uma empresa. Numa instituição, a hierarquia é limitada, pois, normalmente, seu ponto máximo termina com o proprietário ou com o sócio-fundador. No caso de um organograma familiar, onde incluímos os antepassados, não encontraremos seu início, afinal, ainda não sabemos onde tudo realmente começou. A literatura religiosa ensina que começou com Adão e Eva, mas muitos cientistas vão além, acreditando em outras hipóteses.

O amor tem fluxos e olhares difusos para todas as direções! Não há como dimensionar todos os caminhos que o amor pode percorrer. Ele está presente um tudo e em todos, de alguma forma. Se olharmos atentamente, veremos o amor acontecendo onde há vida. Se existe vida, o amor está presente de forma latente, manifestada ou em processo de transformação.

No sistema familiar, a título de compreensão do que pretende este livro, o amor possui dois fluxos: *O fluxo do amor contínuo (inclusão)* e o *fluxo do desamor contínuo (rejeição ou exclusão).*

Fluxo do amor contínuo – Inclusão (química)

O fluxo do amor contínuo é aquele amor que realmente aconteceu entre pais e filhos. Ocorreu, com eles, o evento da inclusão, o fenômeno da química, geração após geração. Por exemplo: digamos que na relação de Maria e seu filho João, sucedeu-se o fluxo do amor contínuo. Da mesma forma, aconteceu entre João e seu filho Augusto. Ainda, entre Augusto e sua filha, Antonieta, e, por fim, entre Antonieta e sua filha Bella e assim sucessivamente, até o último filho da descendência. Uma linha de amor contínuo, de inclusão, de cima para baixo, sem sabermos ao certo quando tudo iniciou, nem quando irá terminar.

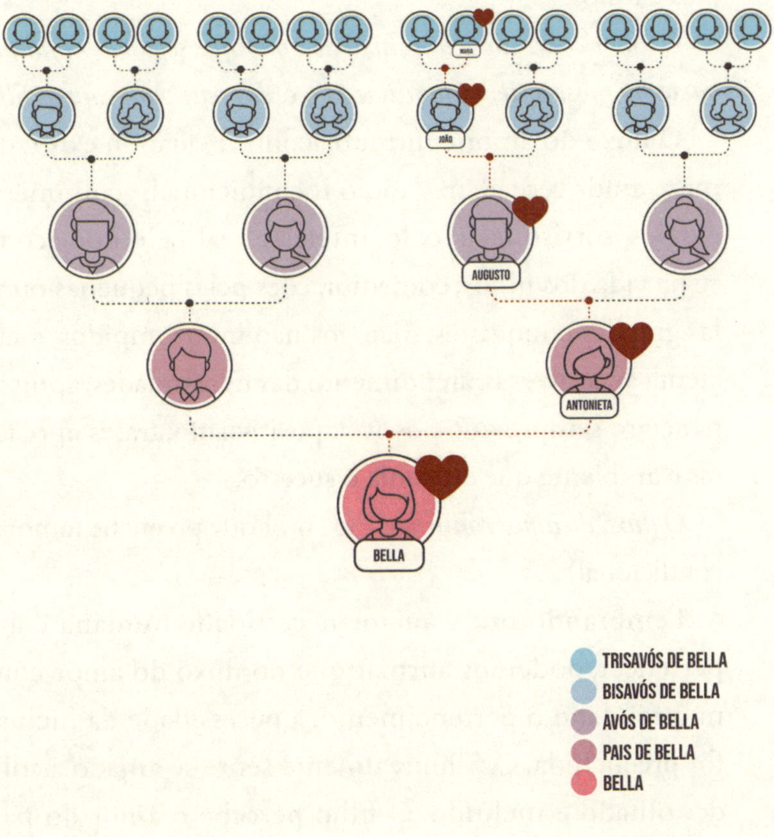
MARIA
JOÃO
AUGUSTO
ANTONIETA
BELLA
TRISAVÓS DE BELLA
BISAVÓS DE BELLA
AVÓS DE BELLA
PAIS DE BELLA
BELLA

Nessa ilustração, temos um modelo de um organograma familiar, de ascendência "infinita". A linha assinalada é uma hipótese de como acontece o fluxo do amor contínuo, termo utilizado para conceituar o amor que aconteceu entre pais e filhos.

O amor contínuo é um fluxo de amor que segue de cima para baixo no nosso sistema familiar, isto é, dos pais para com os filhos.

O fluxo do amor contínuo acontece quando existe química, amor verdadeiro, apoio incondicional, acolhimento, elogios, sorriso fácil, colo, interesse real pelo que acontece na vida dos filhos, comemorações pelas pequenas ou pelas grandes conquistas, diálogos não interrompidos, escuta atenta às conversas, atendimento das necessidades, aporte financeiro sempre que possível, positivismo, frases apoiadoras e ambiente que estimula o sucesso.

O fluxo do amor contínuo! É o amor que preenche (amor incondicional).

Lembrando que a maior necessidade humana é a de pertencer, podemos afirmar que no fluxo do amor contínuo foi dado o pertencimento, a necessidade da inclusão foi preenchida. O filho realmente sente-se amado, acolhido, olhado e incluído. O filho percebe o amor do pai e da mãe, sente-se valorizado, apoiado. Esse preenchimento será carregado para sempre.

O maior preenchimento que podemos ter é o amor incondicional dos pais.

Podemos ser preenchidos por amor de várias origens: de amigos, avós, tios, namorados, cônjuges, amor de filho, de neto, de colegas de trabalho, de *pets* e tantos outros. Entretanto, nada preenche mais do que o amor dos pais. Quem não conhece pessoas que estão preenchidas? Que, na maior parte do tempo, estão felizes? Que não precisam de muito para demonstrarem sua alegria pelo simples fato de viver? Para essas pessoas, a gratidão por tudo o que lhes acontece é mantra diário. Essa energia (força de vida) provém do amor contínuo que receberam de seus pais.

Pessoas completas demonstram felicidade de forma natural e espontânea.

Pessoas que foram amadas verdadeiramente pelos pais, amam com mais integridade, fazem vínculos duradouros, não abandonam relacionamentos facilmente, constroem relações saudáveis, inclinam-se à fidelidade conjugal e apresentam humor estável.

Fluxo do desamor contínuo – Rejeição (exclusão)

Acontece quando existe *distanciamento* de um dos pais. Quando um filho ou filha tem conflitos recorrentes com o pai ou com a mãe. Não ocorreu o fluxo do amor contínuo com um dos pais ou com ambos. De alguma forma ou por alguma razão, o amor foi interrompido. A química não aconteceu. O fenômeno não é criado pelos filhos!

O fluxo do desamor contínuo! É sentimento que não preenche.

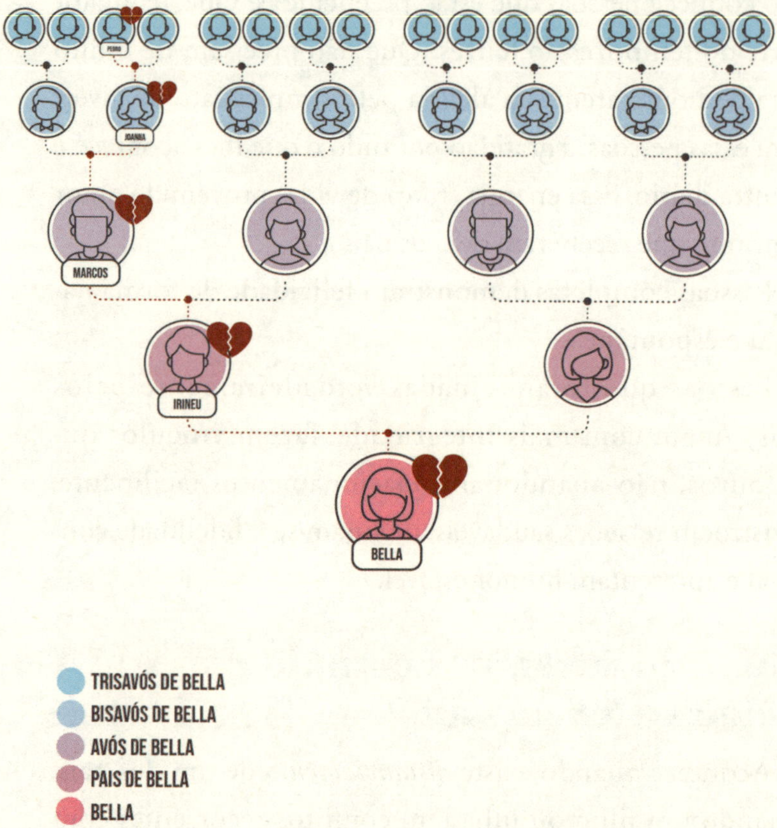
PEDRO
JOANNA
MARCOS
IRINEU
BELLA
TRISAVÓS DE BELLA
BISAVÓS DE BELLA
AVÓS DE BELLA
PAIS DE BELLA
BELLA

Nessa ilustração, temos, também, um modelo de um organograma familiar, de ascendência "infinita". A linha assinalada é uma hipótese de como acontece o fluxo do desamor contínuo, termo utilizado para conceituar o amor que não aconteceu entre pais e filhos.

Por exemplo: digamos que, na relação de Pedro e sua filha Joanna, sucedeu-se o fluxo do desamor contínuo. Da mesma forma, aconteceu o desamor entre Joanna e seu filho Marcos. Ainda, entre Marcos e seu filho Irineu e, por fim, entre Irineu e sua filha Bella também aconteceu o desamor, e assim sucessivamente, até o último filho da descendência. Uma linha de desamor contínuo, de exclusão, de cima para baixo, sem sabermos ao certo quando tudo iniciou, nem quando irá terminar.

A partir de algum momento, que pode ser a partir da concepção, da gestação ou mesmo do nascimento, a mãe ou o pai não estavam disponíveis, estavam olhando para outra direção. A criança não se sentiu acolhida, olhada, amada. Sentiu a dor do abandono, da exclusão, da rejeição.

Um dos pais não estava emocionalmente disponível para seu filho. Esse movimento do amor indisponível determinará a distância entre o filho e esse pai ou mãe, conforme o caso.

O filho que não foi olhado, amado, incluído, seguramente causará muitos aborrecimentos para o genitor que não lhe incluiu. As brigas serão constantes. A oposição será frequente. Será o filho do contra, o opositor. Será o filho problema. As críticas e as cobranças serão sempre mais duras e mais presentes na vida daquele filho que não foi devidamente amado, que foi rejeitado.

O filho rejeitado (excluído) reagirá contra aquele que o rejeitou. Será o filho reativo, combativo.

O distanciamento que o filho recebeu é o mesmo distanciamento que ele retribuirá ao genitor que lhe causou a dor da rejeição. Instala-se um conflito escancarado ou velado contra o genitor. É facilmente perceptível quais são os filhos que não se sentiram incluídos. Estes serão os prováveis agressores dos pais. Como se sentiram agredidos, tornar-se-ão os filhos que machucarão os pais. Refiro-me às agressões e cobranças emocionais, morais e não físicas, embora, eventualmente, também possam ocorrer.

A rejeição paterna ou materna é uma agressão sentida na alma e na carne. Primeiramente, no campo emocional; em seguida, no corpo físico com doenças criadas no momento da rejeição que serão materializadas de forma imediata ou até mesmo futuramente.

O filho rejeitado, observando que o comportamento materno ou paterno não muda, com o tempo acaba desistindo de buscar o amor dos pais porque percebe que o acolhimento nunca chega. A desistência dá-se com aquele pai/mãe com quem não houve a química esperada, com aquele com quem o verdadeiro acolhimento não aconteceu.

A rejeição dos pais é a nossa dor original!

Todos temos uma dor original. Para alguns é o pai, para outros, a mãe. Para outros, são os dois. Alguns conseguiram curar, outros, ainda não.

É o nosso primeiro contato com a dor. Neste importantíssimo momento, conhecemos a força da dor, a dor do desamor, o fluxo do desamor contínuo que nos marcará profundamente.

O bebê sente um vazio profundo, uma insatisfação inexplicável, um abandono aterrorizante. Assim foi sua chegada ao ambiente familiar. A dor desse abandono será carregada por muitos anos, senão por toda a vida.

A insatisfação que nunca cessa, a sensação do não preenchimento, um vazio esquisito ou uma inquietude incompreensível, são características básicas do fluxo do desamor contínuo. Parece que falta algo, que podemos ter tudo (bens materiais, amigos, relacionamentos, saúde), e mesmo assim não estamos satisfeitos com a nossa vida.

Como preenchemos a rejeição e o vazio deixados pelos nossos pais? Com drogas de todo o tipo, comida, álcool, compras, cigarro, dezenas de cursos procurando por respostas, bens materiais? Como preenchemos a insatisfação que nasce do não pertencimento? Como preenchemos o amor que não recebemos?

Bert Hellinger chama isso de *amor interrompido*. O movimento do amor interrompido dá-se justamente e normalmente com um dos pais, ou com ambos.

O fluxo do desamor contínuo também pode dar-se com *ambos os pais*. Um fenômeno mais comum do que se imagina. Pode acontecer que o filho não se sinta acolhido por nenhum dos pais, que a inclusão não foi dada espontaneamente por nenhum deles.

Não ser amado pelo pai dói muito. Não ser amado pela mãe dói mais ainda. Não ser amado por nenhum dos dois, pode ser uma dor insuportável.

É provável que muitos pais irão contestar veementemente o que estão lendo. A negação é o caminho mais fácil para percorrer. Usamos este mecanismo com frequência para nos defender. Ao negarmos algo, podemos estar defendendo nossa crença sem questioná-la, o que pode alimentar o próprio erro. Negar é alimentar o engano, é defender o que julgamos inquestionável.

Normalmente, os que mais negam são os que mais precisam observar, pois são os que imputam o fluxo do desamor contínuo. Os que negam ajuda, na sua maioria, são os que causam mais problemas nos ambientes familiares e em outros ambientes.

Já faz cerca de 27 anos que venho observando, analisando, estudando e escutando sobre esses fatos. São mais de 60 mil sessões entre terapia individual, de casal e nos meus cursos e workshops, onde a temática central desenrola-se sobre esse fenômeno. Possuo vasta experiência nesse campo.

Essa realidade confirma-se facilmente para quem realmente desejar vê-la. Sempre existiu e sempre existirá. A questão é: como recuperar o movimento do amor interrompido, como reverter o fluxo do desamor contínuo?

No ambiente do *desamor contínuo*, existe crítica, cobranças em excesso, chantagem emocional, manipulações, julgamentos, sabotagens, depreciações, comparações com outros irmãos ou com membros de outras famílias. Pais ácidos e exigentes, e filhos que sentem culpa. Por mais que um filho faça, nunca é o suficiente. A culpa só existe em ambientes onde imperam a chantagem emocional e as manipulações. Ainda, nesses ambientes há perfeccionismos, pais competindo com os filhos, pais que não apoiam, pais tóxicos, pais narcisistas, etc.

***

Victória fez, recentemente, 17 anos. Expressa um semblante triste. A tristeza acompanha-a desde criança. Na verdade, é mais que tristeza, é depressão, que já vem tratando desde seus 15 anos e que, segundo seu psiquiatra, talvez seja para toda a vida devido à gravidade da doença. Normalmente, quem é ansioso ou deprimido possui estas "doenças" desde criança, que poderão tornar-se patologias crônicas, caso prejudiquem seu dia a dia e comprometam sua qualidade de vida.

Seu pai é empresário, e sua mãe, professora universitária. Ambos são ocupadíssimos. Victória discorre que, durante a semana, tem pouco contato com eles, já que raramente fazem refeições juntos e que a convivência diária é escassa.

— Estudo em um colégio que adota turno integral, portanto, passo o dia na escola. Acordo mais cedo do que todos, tomo café sozinha e tenho a comodidade de a van passar na porta de casa, sendo que o retorno é somente à tardinha. Não os vejo durante o dia. Minha mãe dá aulas à noite e meu pai chega tarde do trabalho. Ele é o legítimo *workaholic*, viciado em trabalho. Por vezes, nem os vejo, pois recolho-me cedo para dormir, visto que no dia seguinte acordo muito cedo, por conta do colégio.

— Habitualmente, tenho estado mais com a mãe do que com o pai. A ausência paterna dá-se por conta do seu trabalho, que exige sua constante presença. Entretanto, o tempo que estou com ele, é de qualidade. Ele brinca comigo, dá atenção, pergunta dos meus *crushes*, se tenho tido *date* com eles, essas coisas, sabe! Ele é engraçado, faz-me rir e não tem ciúmes dos garotos. Reconhece que é ausente. "Filha, sei que falto com minha presença física, no momento não consigo mudar, mas saiba que sempre estou por perto, vigiando, cuidando carinhosamente de você. Você percebe, não é? Tudo do que precisar, mas tudo mesmo, pode contar comigo. Te amo muito, muito." Gostaria de tê-lo por perto mais vezes. Procuro entender sua necessidade de trabalhar tanto, mas juro que não consigo.

— Apesar de conviver mais com minha mãe, não sinto a mesma coisa por ela, não tenho o mesmo prazer que tenho quando estou com meu pai. É estranho dizer, mas parece que não gosto muito dela. Sinto-me culpada por isso.

Afinal, ela é presente, faz minhas vontades, compra o que preciso, leva-me à casa das minhas amigas e às baladas, algumas escondidas do pai, porque ainda não tenho 18 anos.

— Não entendo as razões de não gostar dela, tenho a impressão de que não a amo.

— Acho que temos algumas diferenças. Veja só! Ela é ríspida comigo, sempre acha algum defeito em mim: ou é nas roupas, ou no cabelo e até no jeito que eu falo. Diz que tenho uma voz irritante. Já perguntei para meu pai se realmente tenho voz irritante e ele disse, rindo, que minha voz é linda e que poderia ser cantora caso eu desejasse. Você percebe a diferença de tratamento? Minha mãe raramente me elogia, pelo contrário, o que mais ouço são críticas. Vejo que ela não me aceita, não gosta do meu jeito, pois não me elogia em nada.

— Não vejo amor no olhar dela. Tenho um pressentimento de que ela não me ama. Isso é confuso para mim, porque, afinal de contas, ela é colaborativa quanto às minhas necessidades. É o que sinto! Tudo bem, ela me cuida, mas não vejo amor no seu cuidado. Será que estou ficando louca? Será que você me entende? Não sei, você é homem, talvez não me compreenda — disse, franzindo a testa.

— Quando vou à casa das minhas amigas fico observando o jeito carinhoso com que suas mães falam, tratam e olham para elas. Sinto ciúmes, raiva, inveja e pergunto-me: por qual razão minha mãe não me trata daquela maneira? A comparação é inevitável. Estas coisas fazem-me acreditar que ela não me ama e, como consequência, fazem com que eu também não tenha amor por ela. Nem admiração! Sinto-me mal por isso, por não conseguir controlar esses sentimentos. Por outro lado, ela é assim comigo desde que eu me lembre, desde muito pequena. Você acha que ela poderia mudar algum dia? Amar-me de verdade?

— Com meu pai é tudo diferente. Tem amor no seu olhar e quando estamos longe, sinto saudades. Incrível, da mãe não sinto! Gosto do jeito que ele leva a vida, é descontraído, otimista, bem-humorado e leve. A mãe é chata e mal-humorada. Sinto-me segura quando ele chega em casa, diferentemente dela, com quem me sinto incomodada. São muitas as diferenças. Meu pai fala bem de mim para os familiares, enquanto a mãe me detona. Como pode, se a filha é a mesma? Às vezes me parece que são filhas diferentes, que são duas pessoas.

***

Não é difícil perceber com quem o fluxo do amor contínuo fluiu. Ao falar do pai os olhos brilhavam, ao passo que, ao narrar sobre a mãe, a voz ficava mais pesada, mais carregada. Para olhos e ouvidos treinados, é muito simples distinguir quem é o amor de quem, quem olhou quem.

Victória ainda não compreendeu o que realmente aconteceu. A distância que sente da mãe e, culpa-se por isso, nada mais é do que a reação espontânea a um afeto que não recebeu. A filha não é a verdadeira responsável pelo distanciamento. Não sabe ela que quem provocou o distanciamento, originariamente, foi a mãe. Um dia compreenderá que não há culpados nesse processo e, com efeito, não existem responsáveis diretos. O fenômeno ocorre de forma espontânea, natural e inconsciente, na maioria dos casos. Os pais, desconhecendo o fenômeno, replicam aquilo a que também foram vitimados na sua infância.

Vamos deixar clara uma coisa!

O fato de não ter dado química (fluxo do amor espontâneo), não significa que o pai ou a mãe não darão o melhor de si. Mesmo não tendo ocorrido o fluxo do amor contínuo, uma mãe ou um pai podem passar a vida *ralando* para dar conforto e qualidade de vida para seus filhos, mesmo para aquele(s) que estão mais distanciados.

Existem muitos pais que não dão apoio aos seus filhos, tendo aqueles que irão, inclusive, dificultar sua vida. Responsabilidade afetiva é para quem tem, não para quem quer, embora, com o auxílio de terapias, ela possa ser desenvolvida. Milhões de pais têm ciúmes indisfarçáveis de um ou de outro filho. Fenômeno mais que comum, porém, lamentável. Daquele de quem era esperado para dar apoio, na função original da (pa)maternidade, pode vir uma disputa afetiva, financeira ou profissional. Alguns pais vão abandonar seus filhos e até rejeitá-los!

A dor do abandono é a dor mais difícil de esquecer!

4.
A química

Nem sempre o que dizem ser verdade, é verdade!
Autor desconhecido

A química entre as pessoas é um dos fenômenos mais interessantes que podemos investigar. O processo é curioso, maravilhoso e engenhoso, sendo um tema complexo, não facilmente explicável.

Como acontece a química entre as pessoas?

A química dá-se totalmente de forma inconsciente, na maioria das vezes. Não há como ter controle sobre os fenômenos inconscientes. Podemos, com o autoconhecimento, trazer os conteúdos da inconsciência para a consciência. Conhecendo-os, podemos controlá-los e trabalhá-los para não ficarmos tão reféns de suas atuações e influências ou tão prisioneiros de suas consequências que, muitas vezes, são maléficas.

Os fenômenos da atração são, por certo, interessantes. Vamos supor, como exemplo, um professor universitário numa turma de 50 alunos. Quantas coisas curiosas podem ocorrer! No decorrer das aulas, à medida que o tempo passa, o docente vai ensinando os conteúdos da sua matéria curricular e revelando sua própria natureza e seus aspectos pessoais, tais como: sua voz, seu jeito de ser, sua rigidez, sua leveza, sua postura, sua forma de olhar, de caminhar, de ensinar, de sorrir, de pensar, de sentir, de expressar sua seriedade, afetividade, agressividade, como gesticula com as mãos, etc.

São incontáveis os fenômenos psíquicos que ocorrem simultaneamente entre o mestre e seus alunos. Enquanto ensina, sua classe inteira de alunos interage de forma contínua e ininterrupta, consciente e inconsciente com várias manifestações emocionais e subjetivas. Os inconscientes conectam-se e interagem entre si de uma forma inimaginável.

A química entre as pessoas pode ocorrer por fatores psicológicos e biológicos, na sua maioria.

Para elucidar da forma mais simples possível, citarei alguns dos fenômenos psíquicos propostos por Freud, que podem ocorrer na interação entre aluno e professor.

Transferência — Sentimentos positivos e negativos de vivências com pessoas do passado que se confundem com pessoas do presente.

Projeção — Mecanismo em que a pessoa projeta seus pensamentos, motivações, desejos e sentimentos que não gosta em si, atribuindo-os a outras pessoas.

Racionalização — Utilizada para defender-se de uma ameaça interna, usando a crítica a alguém para encobrir uma falha em si ou para encobrir a verdadeira motivação.

Deslocamento — Da raiva, por exemplo, para fora de si, em direção a outros, geralmente em pessoas inofensivas, para proteger o verdadeiro alvo, o eu.

Tais fenômenos interagem de maneira espontânea e totalmente inconscientes entre os alunos e seu professor.

Vários gatilhos emocionais são acionados conforme a história pregressa de cada estudante. Emoções e sentimentos positivos e negativos serão ativados, e, por efeito decorrente, gerarão químicas também positivas ou negativas. Sensações de prazer ou desprazer, paixão ou sofrimento, afeto ou desafeto, atração ou repulsa, amor ou desamor, leveza ou rudeza, alegria ou tristeza, esperança ou desesperança, melancolia ou felicidade, sentimentos de encontro ou desencontro.

Por exemplo:

Para o aluno João, seu mestre pode lembrar um pai agressivo e gerar sentimentos (química) de oposição. Para a aluna Franciele, o mestre pode relembrar seu pai afetuoso e gerar sentimentos (química) de amor por ele. Para Francisco, o timbre da voz do mestre pode lembrar seu avô gritão e fazer com que nutra sentimentos (química) de raiva contra o professor. Para Maria Luíza, o olhar afetuoso do seu mestre pode acionar lembranças (química) felizes de seu primeiro amor, fazendo-a pulsar com desejos sexuais pelo professor, similares aos que tinha no seu romance do passado.

Para Jonas, a seriedade do educador pode fazer recordar seu austero pai e mobilizar sentimentos (química) de irritação contra ele. Para Joanna, a forma que o mestre gesticula suas mãos a faz lembrar de um tio muito querido e importante da infância, que fez papel substituto do pai ausente, que "falava" com as mãos revivendo agora saudosas (química) recordações. Por fim, para Rose, o porte altivo e nobre do mestre faz lembrar de seu imponente pai, e sentir (química) que o professor é sua alma gêmea, trazendo memórias de tempos longínquos e quase esquecidos de seu passado com seu genitor. E assim por diante.

Em sua maioria, esses incontáveis fenômenos ocorrem de forma inconsciente, "vitimando" positiva ou negativamente a cada um dos 50 alunos. A química vai acontecendo naturalmente, sem forçar nada, simplesmente acontece de forma espontânea.

Na atração química por fatores biológicos, podemos ser atraídos por cheiros, aspectos corporais ou aparência física. As mulheres podem se sentir atraídas pela altura, ombros largos, barba, corpo de atleta, simetria facial, entre outras motivações. Os homens, por sua vez, podem se sentir atraídos pela aparência física, seios, quadris, cabelos, simetria facial, entre outros motivos. Ainda, para ambos, a atração pode vir a partir dos gestos, da voz, dos cheiros, das roupas, do jeito da pessoa, do jeito de caminhar ou do formato do rosto. A inteligência também é fator de elevada atração e admiração.

Para outra parcela da humanidade, especialmente os religiosos que acreditam na reencarnação (aproximadamente 2 bilhões de pessoas), a química pode acontecer pelas relações das vidas passadas que, no momento presente, reencontram-se e, segundo essas religiões, memórias ou lembranças inconscientes são ativadas. Resumidamente, no caso da relação na(s) vida(s) passada(s) ter sido boa, o mecanismo da química aciona sentimentos de amizade, atração afetiva, atração sexual e sensação de ter reencontrado a alma gêmea. No caso de ter sido ruim, ressurgem agora com químicas inexplicáveis de mal-estar, sentimentos ambivalentes, contraditórios, desconfortáveis, antipatia à primeira vista, etc.

***

Segundo os neurocientistas, a química não acontece no coração, como é romanticamente reconhecido e apontado, e sim no cérebro. Os românticos, os poetas, os apaixonados e tantos outros acreditam que a "flecha" do cupido atinge "mortalmente" o coração, ao ponto de sangrá-lo quando não é correspondido. Talvez a interpretação esteja ligada ao aceleramento das batidas do coração ou ao fogo que arde no peito quando a química acontece.

Na verdade, a "flecha" atinge o cérebro, gerando certas substâncias que provocam emoções impactantes em todo o organismo. Alguns sintomas comuns são: dilatação das pupilas, aceleração dos batimentos cardíacos, rubor facial, alteração da pressão arterial, tremor nos dentes e, em muitos casos, alterações no apetite e no ciclo circadiano, ocasionando privação do sono.

Lembro do relato de uma paciente: "Quando vi meu marido pela primeira vez, meus joelhos tremeram, meu coração disparou e meus dentes tiritaram parecendo que estava na estação mais gélida do ano. Quase morria toda vez que o via, meu organismo parecia colapsar."

O cérebro libera na corrente sanguínea substâncias altamente viciantes, como dopamina e endorfina, das quais, no distanciamento da pessoa desejada, é comum sentir abstinência, da mesma forma que os dependentes químicos sentem na ausência do consumo de suas drogas.

Algumas pessoas fazem coisas realmente esquisitas durante o auge da química, que em condições normais jamais fariam, caracterizadas popularmente como aventuras. São alguns comportamentos fora da normalidade, apresentando quadros de "insanidade" ou "psicose" temporária.

Já ouvi, por exemplo, em terapia: "Fiz 900 km somente para ver, de longe, uma pessoa que fiquei enfeitiçada desde que vi pela primeira vez". "Entramos num prédio comercial e transamos (uma "rapidinha") dentro do elevador, em pleno horário comercial, despreocupados com a câmera de segurança". "Transei com meu professor dentro da sala de aula, mais precisamente atrás da porta". "Minha 'alma gêmea' estava casada e aluguei uma casa no litoral somente para vê-la na praia com seu marido e seus filhos". "Pensei envenenar ou mesmo matar uma colega de trabalho porque estava perdidamente apaixonada pelo seu marido". E tantos outros relatos ora divertidos, ora preocupantes e perigosos.

Muitos acreditam, quando a química é absurdamente incontrolável, que estão diante de sua alma gêmea. Pode ser que sim, pode ser que não! Até porque, passado o período da química da "paixonite", que pode variar de pessoa para pessoa, os sentimentos e a razão voltam ao seu estado natural, sendo que muitos nem lembram direito daquele que foi seu objeto de desejo, relegando e exilando aquelas emoções iguais a tantas outras.

***

Uma curiosidade: as últimas pesquisas sobre o coração indicam que ele possui cerca de 40 mil neurônios (minicérebro), uma rede de neurotransmissores, proteínas e células que envia informações ao cérebro, mais do que recebe. Ele ajuda na tomada de decisões, podendo ter seu campo magnético centenas de vezes ampliado, chegando a influenciar a energia do meio de forma positiva, ao ponto de atrair pessoas pelo campo eletromagnético emanado por suas boas vibrações. Então, as pessoas sentem-se atraídas quimicamente também pelo coração das pessoas, especialmente os que emitem boas vibrações.

Nesta obra abordarei o fenômeno químico entre pais e filhos.

Filho: fenômeno químico?

Não há como prever que tipo de emoções e sentimentos poderão surgir no primeiro encontro entre duas pessoas, mesmo que seja entre pais e filhos.

Com o nascimento de um filho, as expectativas são de que iremos amá-lo assim que o vermos pela primeira vez, mas, na realidade, na maioria dos casos não tem sido assim.

No primeiro encontro com um filho, os pais podem ter várias emoções e diferentes sentimentos. Podem ser favoráveis, desfavoráveis, afetivos, não afetivos, amorosos, frios ou distanciados. No caminho percorrido para a construção do afeto entre pais e filhos, muitas coisas inesperadas podem ocorrer, podendo trazer uma realidade não tão romantizada.

Não há garantia nenhuma de que vamos amá-lo assim que o vermos. Na verdade, o desejo da maioria dos pais é de que, assim que olharem para o seu bebê pela primeira vez, um nobre sentimento (amor) brote naturalmente pelo pequenino ser.

Filhos poderiam ser também um fenômeno químico, como qualquer outro ser humano que enxergamos pela primeira vez? Existe química entre pais e filhos? Amar um filho seria resultante de uma boa química? Rejeitar, não amar ou excluir seria porque não houve química com um dos pais, especialmente com aquele com quem a relação é mais complicada? Por mais dolorido que possa ser, o fato é que:

A inclusão de qualquer pessoa, incluindo os filhos, acontece por um processo químico.

A química acontece ou não acontece! O fenômeno é natural, espontâneo e não há como prever como ele se dará. Da mesma forma que olhamos alguém pela primeira vez, poderá acontecer qualquer fenômeno químico: amor, atração, indiferença, repulsa. É como dizem: "O santo bateu, ou o santo não bateu".

O assunto é extremamente delicado e complexo. É o que o livro propõe, do início ao fim! Descobriremos logo adiante, página por página, capítulo por capítulo. Olharemos com profundidade e responsabilidade para um dos *maiores eventos da nossa história*, para um dos *maiores fenômenos do nosso psiquismo*.

Podemos concluir que:

Ao verem um filho pela primeira vez, os pais podem sentir amor ou rejeição à primeira vista. Podem também ter outros sentimentos de menor importância.

5.

O mecanismo da inclusão

Perdoe-se! Você não sabia o que sabe agora.

Autor desconhecido

Como chegamos à Terra? Estima-se que existam aproximadamente de 9 a 11 milhões de espécies vivas neste planeta. São dados estimativos. Nós somos apenas uma das espécies vivas (*Homo sapiens*) que compartilha deste maravilhoso planeta azul. Tudo o que vive neste planeta é considerado um terráqueo e todos têm o direito de a ele pertencer. Conosco não é diferente. Somos terráqueos também e precisamos da inclusão.

Como adentramos o sistema familiar?

Quando um bebê vem ao mundo, ele necessita do pertencimento familiar, e quem lhe dá a inclusão são os pais.

Será mesmo que os pais dão, a seus próprios filhos, o direito de pertencer?

Quando uma criança chega em um lar, ela espera ser incluída por ambos os pais, ela conta com isso. Como se dá o processo da inclusão? Temos que pensar que o principal mecanismo da inclusão é o olhar, ou seja, a forma com que olhamos para uma pessoa ou para determinada situação. Toda vez que olhamos de forma inclusiva para algo ou alguém, por naturalidade, nós o incluímos.

Quando incluímos alguém, significa dizer que olhamos com o olhar da inclusão.

Em qualquer situação, precisamos ser olhados para sermos incluídos. Excetuam-se os cegos, pois o mecanismo do olhar físico não é possível, mas mesmo assim o processo da inclusão acontece de outras maneiras.

***

Um fenômeno químico favorável realmente acontece quando incluímos alguém: simpatia, empatia, atração física, admiração, acolhimento, amorosidade, sensação de bem-estar, sorriso fácil, leveza, um gostoso suspiro, enfim, algum processo prazeroso acontece toda vez que damos o pertencimento a alguém.

Tudo o que você olha, também olha para você!

"O boi engorda com os olhos do dono." É uma expressão utilizada no mundo dos negócios. Acredito que a maioria das pessoas já ouviu este ditado em algum lugar. Significa dizer que temos que olhar de perto, acompanhar nosso negócio de forma precisa e cirúrgica, verificando e controlando toda a dinâmica do ofício para que a prosperidade seja uma realidade. Quando há necessidade de um especialista, auditor ou consultor, significa dizer que estamos contratando pessoas com um olhar ainda mais qualificado para que nosso empreendimento seja cada vez mais próspero. Por outro lado...

Experimente conversar com alguém e, caso essa pessoa não olhe para você, como que ignorando a sua presença, como você se sente? Imagine seu médico, seu terapeuta ou um vendedor de uma loja conversando, ouvindo ou lhe explicando algo, contudo, não olhando nos seus olhos. Que sentimentos brotam no seu íntimo? Acredito que algumas pessoas já passaram por essa experiência, e, provavelmente, sentiram-se desconfortáveis com a situação. Creio que qualquer pessoa não desejará repetir a experiência com o profissional, não importando a área da sua atuação. A atenção é uma necessidade básica de todo ser humano, não importando sua idade. Tanto nos primeiros suspiros de uma criança quanto nos últimos suspiros de um idoso, a atenção deveria estar presente.

Tudo a que você dá as costas, também dá as costas para você!

Tente dar as costas para a sua empresa e verifique o que acontece com o destino do seu empreendimento. Da mesma forma, experimente dar as costas a um amigo e observe a degradação desta amizade. Ainda, experimente dar as costas a um relacionamento afetivo importante e descubra o fatídico fim da relação. Para finalizar, experimente dar as costas a um filho e prove desta aflição, e vice-versa.

Olhando a partir dessa perspectiva, podemos concluir que dar as costas significa não olhar, não incluir (indiferença) ou até mesmo excluir (rejeitar).

***

Um fenômeno químico desfavorável acontece quando não somos olhados, provamos os doloridos sentimentos da rejeição, abandono e exclusão, ocasionando um abominável mal-estar. A rejeição é dor torturante. Em geral, não temos estrutura emocional para administrar tais sentimentos, especialmente vindos de pessoas muito queridas para nós.

O olhar, especialmente a forma com que olhamos, é o grande mecanismo responsável pelos sentimentos de inclusão ou de exclusão. O olhar aciona processos químicos favoráveis ou desfavoráveis, que ativam emoções e sentimentos prazerosos ou desagradáveis.

A questão da química entre as pessoas acontece pelo processo do olhar. Ao olharmos para alguém, vários mecanismos inconscientes são mobilizados e processos químicos são postos em ação, gerando emoções positivas ou negativas. Ao ver outro ser humano pela primeira vez, podemos sentir uma química boa ou ruim, que nem sempre será possível compreender ou até mesmo explicar por qual razão acontece. Podemos ter uma boa ou má impressão logo no primeiro encontro, no primeiro olhar. Não temos controle sobre isso. Os mecanismos não são conscientes, isto é, não temos gerência sobre os sentimentos que poderão advir, pois eles simplesmente acontecem de forma espontânea.

Por vezes, sabemos por que gostamos de alguém! Entretanto, pode acontecer, assim que conhecemos uma pessoa, de não compreender o motivo de não gostarmos dela ou de não lhe incluirmos. Nossa mente racional até tenta explicar, racionalizar, mas não se tem total certeza disso, justamente porque tanto a atração quanto a rejeição são fenômenos inconscientes, na sua maioria. Vários mecanismos psíquicos poderão ser ativados, inclusive os defensivos decorrentes de experiências ruins do passado, projetados para o momento presente.

Com um filho não é diferente. O processo é o mesmo. Não é perturbador?

Quando um filho, planejado ou não, adentra o seio familiar, há uma exigência (expectativa) de ser incluído, desejado e amado pelos seus pais. Ele realmente necessita do olhar de ambos. A criança procura avidamente pelo olhar de um e, em seguida, pelo olhar do outro. Esse é o "movimento" inconsciente do pertencimento, porque no seu íntimo ele sabe que, se for INCLUÍDO, será AMADO.

Ainda dentro do campo da subjetividade e a título de clarificar um pouco mais o fenômeno da química da inclusão, tente imaginar a cena na sua tela mental, justamente para compreender o que um bebê sente. A partir de um dado momento, que pode ser a qualquer instante desde a concepção até o nascimento, o filho (simbolicamente) abre e estende seus frágeis braços e "olha" para seus pais, com os "olhos" do sentimento, como que pedindo a reciprocidade do olhar. Por óbvio, grande parte dos pais fará isso, fisicamente falando. Mas a questão maior é se os *braços* do coração, da química, do afeto, do amor também estarão abertos e disponíveis para realmente incluir e amar o filho.

Primeiramente, o filho olha para um dos pais. Não sabemos ao certo para quem ele "olha" primeiro. O fato é que ele, necessitando a inclusão, olhará para ambos e sentirá no seu coração que tipo de sentimento virá de cada um dos pais. Os filhos sabem e sentem todo o campo emocional sistêmico que está envolvido na sua chegada. A consciência de que tudo está acontecendo, neste sagrado instante, estará presente.

Por exemplo: ele olha para seu pai e sente instantaneamente se ele realmente está dando o acolhimento verdadeiro ou se é somente cuidado ou zelo. Da mesma forma, olha para sua mãe e reconhece, de forma instantânea, que tipo de química está acontecendo, se é de amor ou de zelo.

Há uma grande diferença entre amor e zelo (cuidado).

A criança sabe e sente, com facilidade, quais abraços são realmente de amor ou somente zelo. Ela sentirá naturalmente, sem esforço algum, qual dos pais lhe ofertará um abraço amoroso ou zeloso.

É importante tomar ciência de que *amor verdadeiro* é o da *química* e *amor zeloso* é apenas de *cuidado*.

Os pais não olham para seus filhos da mesma forma! Isso ***não é uma*** *possibilidade. É uma realidade.*

A inclusão — Com aquele genitor (pai ou mãe) em que o fenômeno químico aconteceu, o filho entenderá que recebeu amor genuíno. Estes serão afetivos, apoiadores, parceiros e benevolentes um com o outro, pelo resto da vida, e sua relação será prazerosa.

A exclusão — Com aquele genitor (pai ou mãe) em que a química não aconteceu, o filho compreenderá (sentirá) que recebeu apenas zelo ou cuidado. Estes terão conflitos, cutuques, cobranças, críticas mútuas e distanciamentos, e sua relação será conturbada. A relação do pai/mãe com o filho com quem não houve química tende a ser tumultuada por longos anos, ou até que um dos dois, ou ambos, trabalhem para que a relação seja mais leve e tenha mais qualidade, a partir de terapias ou outra forma de conscientização.

Quando há química! O acolhimento realmente foi dado no coração, não somente na mente. Aqui nasce o amor pelo filho, e ele sentirá o prazer do amor.

Quando não há química! O acolhimento verdadeiro deu-se na mente e não no coração. Aqui nasce apenas o cuidado pelo filho, e ele sentirá a dor da rejeição.

Por mais que as pessoas refutem essa ideia, não há meio-termo. Ou nasceu o amor pelo filho, ou nasceu o zelo. Esse é o sentimento da criança, é o que ela percebe, é a leitura do meio que ela encontra na nova realidade com que se depara.

É necessário lembrar que o fenômeno é mais facilmente observável *e sentido de baixo para cima e não de cima para baixo, ou seja, dos filhos para os pais e não dos pais para os filhos.*

O tempo mostrará de forma muito clara, tanto para os pais quanto para os filhos, da mesma forma para os que admitem como para os que negam. Basta olhar para os movimentos, atitudes e comportamentos que os filhos fazem para ferir seus próprios pais, especialmente com aquele que houve o zelo. É uma reflexão talvez dolorida, mas necessária para restabelecer laços amorosos entre ambos.

Qual filho está mais próximo (inclusão) e qual está mais distante (exclusão) do seu coração?

***

Não há como prever com qual(is) filho(s) os pais terão a bênção do fenômeno químico, da inclusão ou do amor espontâneo, embora muitos realmente procurem amar da forma mais equilibrada possível.

Para os pais, é difícil reconhecer que têm filho(s) preferido(s). Porém, no momento em que eles se colocam como filhos e olham para os seus pais, a realidade da química fica mais perceptível e aceitável como uma possibilidade verdadeira.

Os pais "sempre" argumentarão que amam seus filhos da mesma forma, o que não é uma realidade possível!

6.
A rejeição original

Ver para crer? Ou crer para ver?
Autor desconhecido

A rejeição é uma das maiores dores que podemos sentir e vivenciar. É a ferida emocional mais profunda que existe. Quem não a conheceu? Quem não sentiu seus efeitos na mente e no próprio corpo? Por qual razão dói tanto?

Segundo especialistas, a partir das imagens de ressonância magnética, alguns estudos indicam que a rejeição atinge no nosso cérebro as mesmas áreas da dor física. Tanto é verdade, que muitos médicos indicam paracetamol em alguns casos de profunda dor emocional, não como tratamento, e sim como alívio imediato desta dor que dói tanto ou mais que a dor física.

Quando nasceu o sentimento de rejeição no ser humano? Em que momento sentimos essa brutal dor pela primeira vez?

Afinal, quem nos apresentou a rejeição?

A rejeição original, a primeira dor humana dentre todas, quem nos apresentou foi a família, protagonizada pelos pais. Por isso ela dói tanto. As rejeições seguintes que sofremos ao longo da vida podem ser entendidas como reedições do trauma original, que, somadas à dor do presente momento, tornam-se terrivelmente angustiantes. Aquilo que não foi bem curado é revivido.

Lembremo-nos do capítulo 5 (*O mecanismo da inclusão*). Quando os filhos vêm ao mundo, eles buscam o amor dos pais. "Olham" para um, e em seguida "olham" para o outro querendo a inclusão, o amor genuíno. Alguns encontram o amor, enquanto outros encontram apenas o cuidado. A questão é: aquele filho que encontrou somente o zelo, o cuidado, compreende que não encontrou braços amorosos.

Com o zelo, nasce a rejeição original. Para a criança, o zelo causa desprazer.

Quando a criança sente que a química com os pais não aconteceu, neste fatídico instante nasce o primeiro contato com a dor. Inicialmente é dor emocional, dor psíquica, vertendo em seguida para a dor física, já que no caminho evolutivo da espécie a dor emocional segue, no cérebro, os caminhos da dor física. Significa dizer que a rejeição corta a alma e a carne, de forma súbita e conjunta. Esta é uma das razões de doer tanto.

Prazer ou desprazer (dor)?

O primeiro prazer é sentido quando acontece o fenômeno da química com os pais, e a primeira dor (desprazer) é sentida justamente quando não há essa química.

Afinal, conhecemos primeiro o prazer ou a dor?

Quando a criança faz o primeiro movimento de inclusão em direção a um dos pais e a química acontece, o *prazer* é vivido por primeiro.

Quando a criança faz o primeiro movimento de inclusão em direção a um dos pais e a química não é sentida, o bebê conhece a *dor (desprazer)* por primeiro.

Esse desprazer é sentido como sendo a primeira dor ou a rejeição original que, de alguma forma, todos nós sentimos com um dos pais ou com ambos.

Com relação ao acolhimento que projetamos ou desejamos ter com uma criança ao pensarmos em trazê-la ao mundo, não saberemos com quem ela terá prazer ou desprazer, amor ou dor, inclusão ou rejeição.

Não há como prever com qual filho o fenômeno da química acontecerá.

Filhos planejados (desejados)

Indubitavelmente, muitas crianças vieram ao mundo de forma não planejada. A realidade é que muitas delas não serão desejadas ou bem-vindas na vida de seus pais.

Muitos filhos realmente não foram planejados. São frutos do descuido, da ignorância, do desconhecimento do corpo, da inexperiência sexual, do uso inadequado ou do não uso de métodos contraceptivos. Entretanto, muitos desses filhos, embora não planejados, poderão ser amados e bem-vindos na vida de seus pais.

Por outro lado, incontáveis filhos são realmente planejados e desejados. O casal quer ter um filho para transformar a casa em um lar, em uma família. Serão sonhados e esperados. Vários movimentos e comportamentos de felicidade podem instigar o casal a alimentar e cuidar de um dos maiores sonhos: a paternidade e a maternidade.

É provável que a maioria dos pais desfrutem do período da gravidez, entregando-se totalmente ao processo, vivenciando mês a mês cada fase, tanto o que acontece internamente quanto o que acontece externamente. Preparam uma bela chegada para seu bebê. A futura mãe, por exemplo, pode amar estar grávida, perceber as mudanças do corpo e acatar com felicidade, tudo graças ao fruto que ali se desenvolve. Sentem prazer a cada movimento que a criança faz no ventre. Na maior parte do tempo, passam a gestação com alegria e leveza, tendo-a como uma das melhores experiências de sua vida.

Todavia, é comum acontecer da futura mãe não desfrutar da gravidez por inúmeros motivos: medo da perda do bebê, de não gostar da criança, de não ser uma boa mãe, das alterações no corpo, perda da libido, depressão, angústia, ansiedade, vergonha da forma física, sofrer por não querer que a vejam grávida, abalos na autoestima, atrapalhar um projeto pessoal, entre outros.

Da mesma forma, pode acontecer que o pai não se agrade com a gestação por motivos diversos: perda do desejo sexual pela "deformidade" do corpo da esposa, fantasias que podem machucar o bebê durante o sexo, desconforto por pensar que a criança escute os sons do casal, medo de causar aborto caso a penetração seja profunda, insegurança financeira por achar que não dará conta de cuidar ou prover a família, entre outras causas.

***

Por mais que um filho seja ardentemente desejado por um dos pais ou por ambos, ele passará, inevitavelmente, pelo processo do fenômeno químico.

Essa é a magia! É o mistério que sonda a relação entre pais e filhos desde sempre, desde os primórdios da criação. Com qual dos pais a química acontecerá? Será com o pai? Será com a mãe? Ou com nenhum dos dois?

Após tantos anos de observação, posso asseverar que percebi somente três possibilidades de química (acolhimento): 1) A química acontece com o pai. 2) A química acontece com a mãe. 3) A química não acontece com nenhum deles.

É importante relembrar: a química da criança com os pais significa com quem ela sentiu o acolhimento. É a leitura e a percepção que a criança faz ao "olhar" para cima e sentir quem, de verdade, acolheu-a. Ela reagirá da mesma maneira como foi acolhida. Se foi amada, amará. Se for rejeitada, rejeitará.

Durante o workshop EFI — Estratégias Fatais da Infância (curso presencial criado por mim, com participação de mais de 5 mil pessoas, onde a temática é sobre a preferência afetiva e as desordens familiares). Neste trabalho, muitos participantes perguntam se existe a possibilidade de a química "bater" com ambos os pais. Sempre respondo: "Talvez possa existir a possibilidade de a química acontecer com ambos os pais, mas eu nunca vi, nunca percebi, nunca senti". Eu criei um teste que aplico neste workshop, onde mostro claramente com qual dos pais a química verdadeiramente aconteceu.

A questão que pode confundir os pais é que eles acreditam firmemente que amam todos os filhos incondicionalmente. Afirmam que doam seu tempo com a mesma qualidade para todos os filhos, que dão a mesma atenção e que não fazem distinção afetiva. Não é verdade. Não é possível que isso aconteça.

Por qual razão não amamos os filhos da mesma maneira?

Os filhos são pessoas diferentes entre si. São seres únicos. Cada ser é singular. Assim sendo, afirmar que amamos pessoas diferentes da mesma forma é um engano confortável que evita o sofrimento de encarar a realidade tal como ela é. Porém, esta atitude defensiva não muda a própria realidade. "A vida é o que ela é."

No início do relacionamento dos pais com seus bebês, para algumas pessoas, é mais difícil perceber ou reconhecer os próprios sentimentos com relação a eles. As pessoas se perguntam: "Como não amar um ser tão meigo, tão desprovido de defesas, tão vulnerável, tão cheiroso, tão fofo?"

As respostas mostram-se claramente logo adiante, à medida que o bebê cresce e mostra a sua personalidade, o seu jeito de ser. As frustrações dos pais com relação aos comportamentos e reações dos filhos ficam facilmente observáveis. As manifestações de desagrado são mais frequentes e menos disfarçáveis. "Como meu filho pode ser tão diferente de mim? Não obedece, é opositor, não colabora com nada e desafia-me na maior parte do tempo". É a realidade da relação mostrando a sua face. A criança é mais doce com um dos pais, mais colaborativa, mais afetuosa e menos teimosa.

A relação tende a ser dessa forma por muitos anos: de quem a criança não recebeu o acolhimento, a essa se tornará mais opositora. Por outro lado, de quem a criança recebeu o acolhimento, com essa será mais facilitadora.

Por sua vez, os pais tendem a ser mais críticos, tóxicos e abusivos com aquele filho que não conseguiu ter o acolhimento no seu coração. "Eu *bato* com mais força num filho do que no outro."

À medida que a criança cresce, os sentimentos vão ficando mais evidentes. Ela sentirá qual dos colos é mais gostoso para se aninhar, qual olhar é mais afetuoso, qual voz é mais amorosa. A voz que critica com tons depreciativos e excessivamente exigentes, é a voz que rejeita. A criança percebe e sente tudo! Como enganar um ser tão inteligente e totalmente aberto às percepções do ambiente que a cerca? Quem não viveu a experiência de estar conversando livremente na cozinha enquanto a criança está assistindo à TV ou divertindo-se na sala com seus brinquedos de forma concentrada e focada e, em um outro momento, ela repete ou pergunta sobre os assuntos que os adultos conversavam na cozinha? Elas são como um radar, captam o ambiente, sentem o campo sistêmico e tudo o que acontece à sua volta.

O tempo passa e os sentimentos mostram-se cada vez mais definidos. Na adolescência, fica ainda mais claro de quem o filho está mais próximo ou mais distante; os sentimentos vão ficando ainda mais evidenciados na vida adulta, quando a percepção e a inteligência podem compreender os sentimentos com mais maturidade e menos engano. As percepções estabilizam-se e definem-se. Aquilo que suspeitávamos fora provado inúmeras e repetidas vezes. A preferência afetiva que os pais têm com relação aos filhos fica escancarada. Só não percebe quem não quer! Mas a realidade da relação entre pais e filhos mostra-se nua e crua, e os sentimentos de competição entre os irmãos começam a tomar corpo e tornam-se crônicos.

Os irmãos sabem quem são os preferidos de quem. Quem é o queridinho da mamãe ou do papai. Brincam e fazem piadas com isso, algumas divertidas, outras com sentimentos carregados de mágoas e ressentimentos.

***

Lembro de uma paciente de nome Juliana, mãe de uma linda menina. Narrou, aos prantos, que não conseguia fazer vínculo com sua filha de 2 anos.

— Confesso somente a você, porque é meu psicólogo, que não tive prazer algum na gravidez da minha filha, sendo que foi planejada e desejada por mim e pelo meu marido, embora eu desejasse muito mais do que ele. Sempre sonhei com a maternidade. Desde jovem imaginava minha casa cheia de crianças. Dava-me muito prazer pensar que um dia teria uma família, com belos filhos. A ideia trazia-me felicidade.

— Entretanto, não gostei de estar grávida, das sensações ruins, dos enjoos, das noites maldormidas, da dificuldade para caminhar, fui rejeitada sexualmente pelo meu companheiro, além de me sentir feia e gorda. Não achei nada prazeroso. Meu desejo era fazer parto normal, mas não tive dilatação, então restou-me o parto cesárea. Tenho horror a hospital, mas tive que encará-lo. Não me senti feliz durante toda a gravidez e tinha pensamentos e sentimentos estranhos com relação à minha filha. Percebi que não tinha amor por ela. Era uma sensação esquisita. Senti-me culpada por não ter conexão com a criança.

— Lembrava de minhas amigas dizendo que a gravidez seria maravilhosa, que eu iria amar, que passaria tão rápido que eu nem perceberia. Não tive nada disso. Pensava comigo: quantas mulheres devem sentir o que eu senti, mas parece ser tabu falar sobre isso. Existe uma ditadura da gravidez: que você deve amar essa fase, que deve achá-la linda e que tudo será maravilhoso. Comigo não foi! Que culpa tenho se não vivi o processo como as demais pessoas? Você percebeu quantos conflitos eu tive enquanto a criança ainda estava no meu ventre?

— Chegou o dia do parto! Esperava que a felicidade tão anunciada por todos chegaria para mim no momento em que a veria pela primeira vez e quando a teria nos meus braços. Algo mágico iria acontecer nesse momento, algo que preencheria meu ser e toda angústia e distanciamento que tive dela desapareceriam. Mas não foi o que aconteceu. Não me senti feliz, nem realizada. Mal consegui olhar para a criança. Mais culpa! Era só o que sentia. Parecia que eu não queria o bebê, que não desejava que tivesse nascido. Naquele instante compreendi que o vínculo mãe-bebê não aconteceu. Chorava dia e noite. Percebi que talvez estivesse com depressão pós-parto. Fui pesquisar os sintomas. Estava mesmo!

— Para piorar o quadro, não tive leite suficiente e a criança parecia não querer mamar. Naqueles momentos, julgava ser a pior mãe do mundo. Não consegui contar para ninguém o que eu sentia, pois morreria de vergonha e culpa. O tempo foi passando e decidi buscar a terapia para entender o que estava acontecendo comigo. Sempre sonhei ter dois filhos. Desisti! Nossa bebê já tem um ano e meu marido quer ter outro filho. Já disse que não teremos mais. Não quero viver novamente tudo o que aconteceu comigo.

— Meu marido ama a criança e ela também o ama. Ele está realizado, por isso deseja ter outro filho. Sinto inveja do amor deles, da ternura com que se olham, o jeito que ele fala, o jeito que brinca, senta no chão, entra no mundo dela. Ela dorme com ele com muita facilidade, ao passo que, comigo, dificulta. Veja, já se passou um ano e ainda não fiz um bom vínculo com minha única filha.

***

Aqui, temos um caso clássico em que não houve química entre a mãe e a filha. O vínculo do amor espontâneo e verdadeiro não aconteceu. A pergunta que fica no ar é se algum dia elas terão um amor genuíno uma pela outra ou se terão um certo distanciamento afetivo. Até porque a criança já entendeu, já percebeu, mesmo que de forma inconsciente, que algo não aconteceu entre elas. Não saberá explicar, mas seguramente perceberá e sentirá que existe um distanciamento entre ela e a sua mãe. Esse distanciamento original é comumente chamado de *rejeição*, o que marcará sua vida profundamente.

Lembrando que não há culpados no processo, pois não temos como saber ou prever com qual ou com quais filhos teremos apenas química ou cuidado e zelo.

Não tenho dúvidas de que Juliana é uma mãe com méritos, porque cuida muito bem da filha, lhe dá atenção, carinho, é presente, leva à escola, cuida de suas roupas, alimenta, educa e todas as demais coisas que uma mãe rotineiramente faz. Mas não é disso que estamos falando aqui, não é essa realidade que quero mostrar. É sobre o vínculo, sobre o afeto, sobre o amor autêntico, aquele amor que não precisa de esforço algum para amar porque está sempre presente, espontâneo e disponível. Ela é uma mãe zelosa, que cuida muito bem da filha. Ela reconhece essa realidade, já conversamos sobre isso várias vezes, e hoje admite que é verdade.

Entre o marido e a filha há uma química maravilhosa, sem esforço, o amor flui espontaneamente — é aquilo que se chama de *flow*, quando as coisas acontecem natural e livremente. É amor que preenche, não tem vazios nem insatisfações, é amor seguro, completo. Com suas palavras e do seu jeito, foi assim que Juliana descreveu o amor entre o pai e a filha.

Admite, sem ficar na defensiva, porém um tanto enciumada, que a relação dela com a filha é mais truncada, que a filha é opositora, desafiadora e complica com tudo o que ela propõe. É uma "guerra" para vestir as roupas, ao passo que com o pai a criança aceita e acata as ordens brincando.

— Comigo, obedece, mas com fortes resistências.

A relação de Juliana com sua filha encaminha-se para ser mais tumultuada ao longo da vida, enquanto com o pai, inclina-se para ser mais leve e divertida.

Na adolescência, os conflitos ressurgem mais fortes com aquele genitor com quem não houve química. A oposição, a rebeldia, a teimosia, a desobediência, a resistência serão mais afrontosas e os choques mais frequentes devido aos sentimentos de exclusão e rejeição com aquele pai com quem o filho não se sentiu acolhido no coração.

Como foi dito:

O nascimento da rejeição ocorre no instante em que o filho descobre que não houve química com um dos pais, ou com nenhum deles.

Hoje, Juliana está mais consciente, apesar de inicialmente negar essa possibilidade. É uma prática bastante comum. Atualmente, busca estar mais perto da filha, fazer programas somente com ela, vivenciando momentos de qualidade de afeto. Está ciente das dificuldades; admite que faz com certo esforço, que tem mais prazer quando cuida de suas coisas. Por vezes, comenta que parece estar perdendo tempo quando está com a filha.

— Poderia fazer coisas que seriam mais atraentes para mim.

Depressão pós-parto

Dificilmente uma mãe tem depressão pós-parto após o nascimento daquele filho com quem o fenômeno da química, verdadeiramente, ocorreu. São reações naturais de causa e efeito.

— Quando vi meu filho pela primeira vez, não senti amor.

— Confesso que, quando colocaram meu filho nos meus braços, não senti nada.

— Ao ver meu filho pela primeira vez, pensei em dá-lo para alguém. Até hoje morro de culpa por sentir isso.

— Não senti o que todo mundo diz sentir quando a obstetra me entregou meu filho.

— Pensei comigo. E agora, o que faço com isso? Este foi meu primeiro pensamento.

— Não tive vontade de olhar meu filho. Na verdade, virei o rosto para o lado. Claro que me cobro até hoje por este gesto.

— Senti uma repulsa pelo bebê. Não sei explicar.

— Maternidade é isso? Que desinteressante, sem graça.

— Cadê tudo aquilo que todos diziam que eu iria sentir?

Todas estas frases escutei de pacientes no consultório e de participantes do workshop EFI — Estratégias Fatais da Infância, já citado anteriormente, em que a temática central é justamente sobre a relação entre pais e filhos. São frases típicas de pessoas que tiveram depressão pós-parto. É facilmente perceptível que a química não aconteceu e que a mãe, no seu íntimo, lamenta pelos sentimentos e pensamentos que emanaram de dentro de si, de forma natural, sem forçar nada. No início da relação com o bebê, essas mães terão que fazer um esforço para amar sua criança.

Penso que existem duas grandes formas para viver o amor. Uma é a paixão à primeira vista, *com borboletas no estômago*, que pode realmente se transformar em amor, e a outra é o amor construído ao longo do tempo, *sem borboletas no estômago*.

Quando não há química com a chegada de um filho, desejando-se, poderá ser construído algum tipo de amor entre ambos. Poderá haver respeito, reciprocidade, admiração e apoio, o que também é compreendido como amor.

O amor arrebatador e inspirador é o amor da química, que mexe com as entranhas.

7.
A negação

Não se zangue com o ingrato; provavelmente é desorientado ou inexperiente.
Chico Xavier — André Luiz

Encarar a realidade, tal como ela é, pode ser difícil porque temos que abrir mão daquilo que aprendemos como verdade. Criamos conceitos sobre tudo; muitos deles são para fugir ou nos proteger da realidade em que vivemos. Nem sempre nossa verdade e a realidade são compatíveis. Nossa mente criou mecanismos para lidar com essas divergências, já que admitir a realidade pode gerar angústias e sofrimentos profundos. Tais mecanismos servem para nos proteger da dor, entretanto, proteger não significa resolver ou curar. Por isso, esses mecanismos, em sua maioria, são ineficazes do ponto de vista evolutivo.

A angústia, sem dúvida, está na raiz de todo sofrimento humano. Ela produz tanta dor que tivemos que criar mecanismos para nos proteger dessa barbárie. Podemos lidar com todo tipo de sofrimento, porém a angústia é tida como a dor raiz, a dor máxima.

Freud percebeu que nossa mente cria mecanismos de defesa com a finalidade de proteger o próprio ego de situações que ele interpreta como ameaçadoras ou de complicada solução.

Um clássico mecanismo de defesa utilizado por todos nós é a negação. Entretanto, é um dos mais falíveis e um dos menos eficazes. Às vezes, sua utilização é tão ridícula ao ponto de tornar-se engraçada.

Uma criança, por exemplo, estando com a boca suja de chocolate, quando questionada sobre quem comeu o doce, responde que não sabe. Os adultos também aplicam a negação com muita frequência quando afirmam que não são alcoólatras, dizendo que bebem socialmente, que têm o controle da situação. No entanto, bebem todas as noites. Ainda, chegam em casa cheirando a fumaça de maconha e com os olhos vermelhos, negando veementemente que fizeram uso de algum tipo de droga. Afirma com segurança para o cônjuge que confie nele cegamente, que é fiel convicto, mas não desgruda do celular nem no momento do banho e, se o(a) companheiro(a) pegar seu celular, entra em sofrimento, sua frio, quase tem um súbito pânico ou crise de ansiedade... e tantas outras situações. Negar é recusar reconhecer o óbvio.

Toda negação busca evitar um possível sofrimento, mesmo não sendo funcional.

É atitude adulta admitir e reconhecer o próprio erro, contudo, maturidade admirável é a mudança de comportamentos que machucam as pessoas. Para muitos, é pedir demais! Não abrem mão das mentiras que contam para si mesmos justamente para não terem que mudar de atitudes, acreditando que seu amor-próprio, seu orgulho ou a falsa imagem que possuem de si mesmos, possam entrar em risco. Ainda, admitir que há muito tempo estão equivocados também pode ser demais para pessoas que se julgam melhores ou muito maduras, quando na verdade se escondem dentro de suas histórias fantasiosas e convenientes.

***

Kátia relata que nunca teve uma boa relação com sua mãe.

— Jamais foi minha amiga. Só sabia cobrar e criticar. Não faço questão de me relacionar com ela, sua companhia não me traz prazer algum. Tenho uma filha adolescente, que também não gosta dela, gosta das coisas que ela proporciona. Vejo que ambas se relacionam por causa do dinheiro, fazem trocas afetivas por moedas. Como eles (filhos) são interesseiros nesta idade, é incrível! Minha mãe mora em outra cidade e seguidamente liga, dizendo que quer vir nos ver, mas eu sempre invento alguma desculpa, assim como evito ir à sua casa.

— Você pensa em fazer uma tentativa de aproximação saudável com sua mãe? Poderíamos chamá-la para uma sessão familiar, se for do seu interesse — perguntei, de forma realmente interessada.

— Para quê? O que realmente ganho com isso? Ela é estúpida, grosseira e vai sobrar para você também. O que mais me preocupa agora é que estou tendo problemas com minha filha. As mesmas dificuldades que tenho com minha mãe, são as mesmas que minha filha tem comigo. Parece piada! São as mesmas queixas, até as palavras são repetidas. Acho isso trágico-cômico.

Sugeri que ela fizesse o workshop EFI — Estratégias Fatais da Infância, para ampliar o olhar e o conceito sobre a origem da conexão entre pais e filhos, curso que trata do conflito original entre ambos. Ela acabou participando do curso.

A partir do curso, senti que ela estava apta para conversar sobre o fenômeno da química entre pais e filhos, justamente para entender que entre ela e a mãe aconteceu algo que originou o distanciamento afetivo. Sua mãe a procura, mas não existe uma conexão amorosa, não consegue demonstrar o amor que sente pela filha e vice-versa. Em todos os encontros, algo de ruim acontece, nunca é leve, não flui, existe uma tensão, algo pesado no ar. Os "fios desencapados" tocam-se e uma explosão acontece. Criticam-se, xingam-se e ameaçam de nunca mais se relacionarem.

— Você relatou várias vezes sobre conflitos com sua mãe. Parece-me que você tem clareza de que a química entre sua mãe e você realmente não aconteceu — indaguei.

— Sim! Tenho certeza disso — respondeu.

— E amor de mãe?

— Nunca senti amor de minha mãe. Apoio, sim! Amor, não!

***

Kátia, em outra sessão, traz o seguinte relato:

— Preciso falar da relação que tenho com minha filha. Essa eu posso recuperar, já a da mãe, tenho minhas dúvidas! Minha filha é opositora, discute por qualquer coisa, grita comigo, não me respeita e não demonstra nenhum sentimento afetivo por mim. Eu sei que você vai me dizer que suspeita que eu não olhei para ela, que não "deu" química entre a gente e todas essas coisas que você fala. Mas não é verdade. Foi uma filha desejada, sempre a quis muito. A gravidez foi relativamente tranquila, sem grandes aborrecimentos. Meu marido também queria muito um bebê. Veio a Isabela! Tive depressão pós-parto moderada, nada grave. O psiquiatra receitou Sertralina, o que me ajudou sobremaneira. Mas confesso que me decepcionei um pouco com a maternidade, é bem mais trabalhosa do que eu imaginava. É muita demanda, um trabalhão sem fim.

— Desde quando você percebe que a relação é tumultuada? — questionei.

— Sempre estivemos em conflito, antes mais toleráveis. Quando pequenina, era muito desobediente comigo e sempre me enfrentava. Por anos, a relação foi muito estressante. A partir dos seus 12 anos é que a coisa ficou mais complicada, após minha separação. Começou a ser mais grosseira comigo e a culpar-me pela separação, demonstrando claramente que me odiava pelo ocorrido, como se fosse somente minha responsabilidade pela desconstrução da família. Ela negava que foi seu pai que não quis mais a relação, além de ele me trair. Ela fala da atual mulher do meu ex-marido de forma carinhosa. Ela foi o pivô da separação, e minha filha gosta mais dela do que de mim. É doído falar, mas é visível. Todos que convivem conosco percebem. Ela é muito dura comigo e eu não consigo ser amável com ela, já que me tira do sério o tempo todo. Ela quer ir morar com o pai. Muitas vezes, penso que seria a melhor solução; na verdade tenho vontade, mas não tenho coragem pela vergonha que teria da sociedade, sobre o que os outros pensariam a meu respeito. Tivemos outro filho: o Jordan. Ele é querido, afetuoso, dengoso. Tem 10 anos e nunca me desrespeitou ou gritou comigo. É um doce de criança.

Kátia expressava um amor genuíno pelo filho. Invariavelmente, ao falar dele seus olhos brilhavam mais, seu semblante modificava-se e um lindo sorriso brotava no seu rosto. Era visível a expressão de amor pelo filho. O corpo confessava o que ela sentia. Por outro lado, ao falar da filha os olhos não brilhavam, o semblante fechava-se e uma nuvem escura pairava sobre nossas cabeças e sobre seu coração.

— Você acha que entre você e sua filha a química efetivamente aconteceu? — indaguei.

— Não tenho certeza, mas acho que sim. Percebo facilmente que, entre minha mãe e eu, com certeza não aconteceu. Contudo, entre mim e minha filha, apesar de todos os conflitos, sinto que a amo.

***

Como terapeuta e distanciado emocionalmente, é fácil perceber que o fluxo do amor contínuo (química) não aconteceu entre Kátia e sua mãe, da mesma forma que não aconteceu entre ela e sua filha Isabela. Mesmo enxergando, é difícil admitir a realidade porque ela mostra verdades que não queremos ver.

A negação é um dos mecanismos de defesa mais utilizados para evitar o sofrimento. Com muita frequência, esse mecanismo está no pano de fundo de outros mecanismos. Admitir dói!

Reconhecer o fenômeno de baixo para cima é mais simples. A dificuldade está em reconhecer de cima para baixo.

Os conflitos tendem a se repetir, normalmente são transgeracionais. O que uma geração não resolve, a outra repete e assim por diante. Até que surja, em algum momento, um familiar que busque ajuda para extinguir o conflito que se repete ferindo gerações após gerações.

Kátia reconhece que as dificuldades e atritos que tinha com sua mãe são os mesmos que tem com sua filha. Tem facilidade para perceber que recebeu zelo e não amor de sua mãe, porém, tem dificuldade para reconhecer que é o mesmo zelo que agora doa para a filha. É incrível perceber a "cegueira" que a negação aciona. Ela reconhece que os conflitos são idênticos, admite que as palavras que sua mãe lhe desferia e que tanto odiava são as mesmas que dispara contra a jovem filha Isabela. Visivelmente, as queixas de sua filha são as mesmas mágoas que Kátia carrega da sua mãe e que tem dificuldade para esquecer. Admite, mas não reconhece. E diz: "É diferente, não é a mesma coisa".

Dizer que ama não significa amar!

***

Uma das funções da terapia é tornar o inconsciente mais consciente. A partir do momento em que nos damos conta de alguns comportamentos que costumamos negar e os transformamos em atitudes conscientes, a repetição de algo nocivo para nós e para os outros pode cessar por completo. As mudanças trazem benefícios para a geração atual e para as seguintes. Todos crescem, uma vez que um comportamento extinto poderá não mais retornar numa linhagem familiar sistêmica e todos desfrutam da cura!

A maturidade emocional é uma das nossas maiores metas. Durante o processo da terapia, Kátia realmente começou a reconhecer e a modificar os padrões negativos recebidos de sua mãe, as palavras agressivas, o desamor, as críticas e as cobranças. Tais padrões já estão internalizados e ela os reproduz automaticamente. Está anotando no seu diário todas as vezes em que repete com sua filha os padrões invalidantes que recebeu. — Estou conseguindo controlar essa *diabaria* — disse rindo.

— Como é difícil admitir que não houve química entre mim e minha filha.

***

Em seu íntimo, Kátia desejava aproximar-se da mãe. Percebeu, durante o processo terapêutico, que se pudesse resolver algumas questões com a mãe, teria, como consequência, uma aproximação natural com sua filha. A terapia fez ver que as três mulheres, de três diferentes gerações, estavam afetivamente afastadas. Acrescentou, num dado momento, que sua mãe também não mantinha boas relações com a própria mãe, avó de Kátia. Tomou consciência de que o atrito se arrastava por quatro gerações, por isso o desejo de fazer algo por todas. Imaginava que, libertando uma, talvez libertasse todas. Nas sessões que se seguiram, Kátia continuava eventualmente negando que não existia química entre ela e a filha. É natural querer defender-se, mas não é atitude inteligente.

Por isso a tentativa de chamar sua mãe para a terapia. Inicialmente, a primeira sessão seria somente com sua mãe. As demais, mãe e filha, juntas. Solicitei que Kátia não falasse com sua mãe sobre preferência afetiva, sobre a química entre pais e filhos e sobre os filhos não tão reconhecidos. Entretanto, não se conteve e adiantou o assunto. A bomba explodiu!

Foi o suficiente para que eu recebesse uma mensagem deselegante e agressiva de uma *nobre e distinta* senhora. Talvez por força do hábito, porque era juíza aposentada. Julgou-me! Sem ouvir uma única palavra minha, sentenciou-me sobre um assunto que desconhecia totalmente. Quantos querem se apropriar de um saber que não possuem?

Uma grande oportunidade de o conflito ser amenizado extinguiu-se. Num outro momento talvez, mas seguramente com outro terapeuta, porque tenho o direito de não querer pessoas abusivas por perto. Algumas vezes podemos escolher, em outras, não!

Kátia e sua mãe continuam com sérios conflitos, e no momento estão novamente afastadas. — Desisti, ao menos temporariamente, de minha mãe, de buscá-la para resolver nossas questões. Ela que me procure. Quando vier, talvez esteja de portas abertas; no momento, quero umas férias dela — disse de forma austera.

A negação é um grande obstáculo que impede as pessoas de avançarem um degrau na direção de suas questões mal resolvidas. *Onde existe esse clássico mecanismo, a maturidade afasta-se.*

A angústia persiste onde a negação fez moradia!

8. Caim e Abel

Ou você culpa as circunstâncias, ou modifica-as.

Autor desconhecido

São muitos os sentimentos envolvidos na relação com nossos irmãos. Na prática clínica, é comum ouvir diversos relatos sobre a natureza dos conflitos entre os irmãos, uma verdadeira mistura de sentimentos — alguns afetuosos e altruístas, outros, nem tanto.

Na escuta atenta de consultório, podemos perceber os sentimentos mais comuns entre os irmãos: ciúme, raiva, inveja, competição, rivalidade e amor. De tanto treinar os ouvidos para escutar e auscultar a mente e o coração das pessoas, tanto na vida profissional quanto na pessoal, podemos perceber e sentir o que o outro sente. A isso, dá-se o nome de empatia, que é a capacidade de compreender emocionalmente outra pessoa, de colocar-se verdadeiramente no seu lugar e entregar-se de tal forma, a ponto de ficar impregnado daquilo que o outro sente.

Que atire uma pedra quem não sentiu ciúme, raiva, inveja, rivalidade e amor por seus irmãos! Somente quem não teve essa riqueza chamada irmão. Ou, então, aquelas pessoas que possuem dificuldades para admitir que eventualmente podemos ter sentimentos ruins por membros da própria família. Todos temos, mesmo que eventualmente, sentimentos desagradáveis por algo ou alguém. Somos humanos em processo de construção e reconstrução, então é comum experimentar alguns sentimentos indesejáveis. Esses sentimentos existem, desde sempre, no sistema familiar.

Por que nutrimos sentimentos negativos por nossos irmãos?

Esses sentimentos nascem justamente da competição e da disputa pelo amor dos pais. Por vezes, nossos pais dão amor, atenção, preferência ou prioridade a um dos filhos em detrimento de outro, conforme já vimos exaustivamente.

Desde a infância podemos nos deparar com desafios emocionais, uma vez que a construção da maturidade é um processo demorado. Na infância, não possuímos grandes habilidades psíquicas para lidar com conflitos de maior importância, afinal, nosso "aparelho psíquico" está em processo de desenvolvimento, sendo desafiador conseguir suportar algumas emoções. Por não possuirmos habilidades para enfrentar alguns sentimentos, sentimo-nos excluídos, rejeitados, não amados, não olhados. Dessa forma, emergem sentimentos mais primitivos ou brutalizados contra nossos irmãos.

A dor é mais difícil para os jovens, já que não possuem tanta experiência. Para a maioria dos adultos também é complexo demais lidar com a dor, pois muitos não sabem onde a colocar.

Por que Caim matou Abel?

A rivalidade entre os irmãos é datada dos primórdios da criação. É um conflito que existe desde o início da humanidade. Conta-se, nos relatos bíblicos, que no início dos tempos da povoação da Terra, Adão e Eva tiveram vários filhos. A história que aqui interessa é a dos irmãos Caim e Abel. As narrativas *oficiais* contam que foi o primeiro homicídio da humanidade, tendo por consequência o primeiro autor (Caim) e a primeira vítima (Abel).

Na época, era comum fazer oferendas a Deus e, como consta nos livros sagrados, Deus teria ficado mais agraciado com a oferenda feita por Abel, valorizando-o sobremaneira pelo seu gesto. Em virtude desse fato, Caim, acometido por ciúme e inveja incontroláveis, assassinou seu irmão Abel na tentativa de exorcizar tamanha dor originada pela preferência que Deus teve por seu irmão. Não era a oferenda que estava em jogo. Era a distinção afetiva.

Como Deus (pai) valorizou (amou) mais seu irmão do que ele, Caim sentiu-se profundamente rejeitado e excluído, sendo que, naquele momento, a rivalidade falou mais alto do que a irmandade. Para Caim, a saída era assassinar o rival competidor para livrar-se dos incômodos sentimentos que nutria por ele. Caim não tinha dúvidas sobre a preferência afetiva de seu Pai. Na sua fantasia, livrando-se de Abel, também se libertaria da atroz angústia da rejeição paterna que dilacerava seu coração. Para Caim, não tendo o rival por perto, o Pai o amaria com exclusividade.

Quem cria a rivalidade entre os irmãos?

A bem da verdade, quem cria a rivalidade entre os irmãos são os pais, justamente pela preferência afetiva, ou pela valorização maior de um dos filhos.

Nesses casos, a comparação é inevitável. Na maioria das vezes, o comportamento da comparação que causa grande sofrimento para a maioria das pessoas nasce dessa dinâmica. Ao ter preferência afetiva por um dos filhos, naturalmente brotam no outro sentimentos de inferioridade, indignação, revolta e comparação.

Não há como negar a preferência afetiva por um dos filhos.

Hoje sabemos que os pais não amam seus filhos da mesma forma. É impossível negar! Mesmo que tentem anunciar em voz alta, na tentativa inconsciente (ou consciente?) de calar algumas vozes que os denunciam. Como curar a dor do(s) não preferido(s)? Como lidar com a dor do(s) filho(s) rejeitado(s)? Como administrar essa dor?

Os irmãos são os primeiros amigos e os primeiros "inimigos" que encontramos no nosso caminho. São amigos porque os amamos, e "inimigos" porque, contraditoriamente, sentimos raiva, inveja, ciúme e competimos com eles. Basta observar quando nasce o segundo filho, como comporta-se o primeiro, que perde espaço a partir da percepção de alguém que vem tomar seu lugar. Várias estratégias são criadas para minimizar os complexos sentimentos que emergem na mente daquele que vai perder a hegemonia do seu reinado.

Os profissionais que tratam das crianças (psicologia infantil) podem relatar dezenas ou centenas de histórias reais, em que o primeiro filho tentou "assassinar" o bebê que chegou para tomar tudo o que é seu: seu lugar, sua mãe, seu pai, os avós, o colo exclusivo, a atenção privilegiada de todos à sua volta. "Meu filho tentou sufocar o bebê com o travesseiro", "Meu filho jogou o irmãozinho escada abaixo", "Escondeu a mamadeira tão bem que tive que comprar outra". Estas são algumas das histórias "engraçadas" que eu ouvi no consultório. O primeiro filho sente que perdeu tudo. Efetivamente, alguns pais, desatentos a essa realidade, não conseguem perceber o extremo sofrimento que algumas crianças sentem a partir da chegada de um estranho, a quem terão que chamar de irmão. Óbvio que nem todas as crianças se comportam dessa maneira.

***

Ao negar-se algo, nada poderá ser feito para mudar esse algo. Só trabalhamos e melhoramos efetivamente aquilo que podemos admitir como possibilidade ou verdade. Quem nega o que aqui está escrito como uma possibilidade de ser verdade, continuará machucando seus próprios filhos, muitas vezes de forma desumana e até cruel. Tenho visto e observado essa dinâmica entre pais e filhos, todos os dias, ano após ano, nas milhares de sessões e também nos meus cursos. Precisamos olhar para essa realidade com mais responsabilidade, com mais naturalidade, mesmo que seja um tema controverso.

É maduro admitir, é adulto aceitar, é responsável reconhecer, porque tratar esses fatos é matéria urgente. "Sofrer é mais fácil do que encontrar soluções, pois no sofrimento não é preciso agir. Toda solução exige ação" (Bert Hellinger).

Precisamos falar mais, precisamos aprofundar os conhecimentos sobre essa trama familiar que machuca tantos no mundo.

Para clarificar, por vezes, em meus cursos, utilizo uma comparação quase esdrúxula, mas que serve para uma reflexão saudável. Por exemplo, quem tem dois cães, saberá compreender-me. Não será difícil reconhecer por qual dos dois o dono tem um olhar, um sentimento mais afetivo, que gosta mais ou que trata com carinho diferente. Provavelmente não saberá explicar, mas, sem dúvida, saberá reconhecer por qual dos dois tem uma alegria, um sentimento, uma afeição especial. Na dúvida, pergunte para alguém que tem dois *pets* e observe a resposta. Com os filhos não é diferente!

O lar tem sido o berçário da maioria das dores humanas.

Basicamente, tudo começa dentro de casa, e o que não é curado é transportado para as outras fases da vida, especialmente para a adulta. É simples. Aquilo que nos feriu é a mesma ferramenta com que iremos ferir. O corte na carne que tivemos é o mesmo corte que faremos, se nada for feito. A cura está em mudar o padrão e não o repetir.

Repetir não é crescer. Repetir é enroscar sempre nos mesmos pontos, como uma força centrípeta com suas trajetórias cíclicas, repetitivas e doloridas. Lição dada e não aprendida é lição repetida. Amadurecemos quando "cansamos" de repetir a dor e olhamos com a real intenção de modificá-la, buscando suas origens e reconhecendo suas doídas consequências, ao ponto de cessá-las por completo.

Maturidade emocional é quando nos damos conta das práticas tóxicas e mudamos seu padrão repetitivo.

Quantas vezes precisamos repetir um comportamento maléfico para, finalmente, resolver considerá-lo como uma possibilidade destrutiva de si mesmo? Um dia, certamente, acordaremos fatigados de tanto repetir e partiremos para uma grande aventura que é a descoberta daquilo que tanto nos fere. Que aventura libertadora! Quando uma lição é de fato aprendida, ela desaparece da nossa vida como que por encanto, abrindo espaço para outras direções atraentes e mais saudáveis.

As crises indicam resistência às mudanças! E o que são as crises senão a repetição de comportamentos e sentimentos não resolvidos ou não curados?

O fato é que são nossas dores que nos levam a buscar o autoconhecimento e descobrir sobre nós mesmos. Cada erro causa uma dor, e cada dor revela uma verdade que não sabíamos. Não é o único caminho, mas é um caminho seguro para grandes descobertas.

***

Caim, por ciúmes do irmão e por ninguém compreender sua dor, adotou uma estratégia fatal para si mesmo. Se antes tinha um problema, com certeza teve outros maiores depois do crime cometido. Quantos comportamentos equivocados são gerados pelo simples fato de não sabermos lidar com a rejeição dos nossos pais? E os pais? Para qual direção estão olhando que não percebem o coração dilacerado de seus filhos? Causam dor sem perceber, sem dar-se conta, sem avaliar uma realidade debaixo do seu nariz!

Como os pais conseguem machucar profundamente suas próprias criações?

Para muitos filhos, o mal que gostariam de evitar ou de repetir é o mesmo mal que carregam dentro de si. O modelo recebido pelos pais seguramente será reproduzido de forma transgeracional para seus futuros filhos, até tomarem consciência.

Os filhos carregam no seu coração o desejo de não repetir o desamor que receberam dos seus pais, contudo, o modelo que está inserido na sua mente é o mesmo que receberam de seus genitores. A tendência é repetir o que vivemos e não o que desejamos, por isso a máxima: "Cada um dá o que tem". Não espere mais do que isso.

***

Recentemente, um caso de consultório chamou minha atenção. Margarida, 58 anos, sabendo que trabalho com a questão da preferência afetiva, procurou-me para alguns esclarecimentos. Ela possui uma irmã de nome Tábata.

— Minha irmã é, descaradamente, a filha preferida da mãe. Tanto é verdade que minha irmã pediu para nossos pais comprarem um apartamento na praia para ela veranear, no que foi prontamente atendida pela mãe. Minha irmã Tábata não construiu uma família, não tem filhos e seus relacionamentos são catastróficos. Meu pai é um fraco, faz tudo o que a mãe pede, não tem força para impedir os abusos da filha e não se posiciona quando deveria. Ele sempre dá uma de Pôncio Pilatos, como se diz, 'lava as mãos' para tudo o que minha mãe decide. A mãe decidiu dar o apartamento na praia e ele nem questionou para não se indispor com ela. Eu, no entanto, nada ganhei!

— Não foi a primeira vez que minha irmã foi favorecida. Alguns anos atrás, a nossa mãe decidiu vender um apartamento de cobertura deles dando metade do valor da venda para a minha irmã. Para mim, nada!

— Tenho muita raiva disso! Em nenhuma das ocasiões, vieram pedir-me se eu queria uma parte do dinheiro da venda da cobertura, se gostaria de um apartamento na praia, ou algo equivalente. Quando comento sobre o assunto com minha mãe, ela diz que eu não preciso, porque me dei bem na vida. Sou funcionária da Receita Federal, detentora de cargo médio, não tendo portanto um polpudo salário. Sempre foi dessa maneira. Desde pequena, a mãe exigia que eu lavasse a louça com muito mais frequência do que minha irmã. Os serviços domésticos sobravam mais para mim. Lembro que o bônus era para minha irmã e o ônus era meu. Por exemplo: ir ao mercado, levá-la ao médico era comigo, ao passo que ir ao shopping, à cafeteria, era com minha irmã. Poderia ficar um mês inteiro contando histórias de injustiças.

— Quando reclamo para a mãe, ela diz que fico me fazendo de vítima. É horrível porque, de verdade, odeio as duas pelo que fazem.

Os relatos prosseguiam carregados de mágoas.

— Minha irmã é a filha mais velha. Ela escolheu em qual escola estudar; eu nunca fui ouvida neste aspecto. Ela podia escolher as roupas que desejava; eu não. Ela podia escolher tênis caros; para mim, o dinheiro era escasso.

— Na compra do primeiro carro, por exemplo, a mãe ajudou com 100 mil reais para que minha irmã comprasse seu SUV. Quando chegou a minha vez, fui ajudada com apenas 50 mil reais. Não consegui comprar o carro dos meus sonhos.

— E seu pai? — indaguei com curiosidade, embora sabendo a resposta que viria.

— Como já falei, ele não se posiciona. Quando o questiono, pede que eu converse com a mãe. Repito, acho ele um fraco, um "banana", porque não me defende. "Finge demência" para não se incomodar com sua mulher. Sei que é feio falar dessa forma do meu pai, mas é o que sinto. Ele finge ser cego, surdo e mudo quando toco nesse assunto.

— Vou conversar com um advogado para ver se tenho algum direito para corrigir essas injustiças. Meu marido Carlos tem evitado ir à casa dos meus pais porque percebeu o tratamento desigual, desde as primeiras vezes que começou a frequentá-la. Ele recorda que minha mãe me criticava por tudo, enquanto era um doce com minha irmã. Alega que dói nele me ver sofrer, há anos, pelo mesmo motivo.

— Vou buscar meus direitos. Você acha isso muito errado? — indagou-me.

***

Com certeza, muitas dores, doenças, sabotagens, acidentes, vinganças, ódios, revoltas, punições, distanciamentos e afastamentos poderiam não existir, caso a preferência afetiva fosse tratada com mais prudência e cuidado.

Uma dor difícil de administrar é perceber que alguns dos irmãos têm privilégios abusivos. Quando iremos olhar para esta questão de forma mais amadurecida?

A vida dos filhos não preferidos é mais dura, mais difícil, mais penosa, porque sabemos que é o amor dos pais que nos impulsiona para a vida. Com frequência, esses filhos têm menos força para conquistar a vida adulta, menos vontade para ter sucesso na profissão, sem contar que os afeta profundamente no campo dos relacionamentos.

A falta do amor do pai afeta negativamente algumas áreas importantes da nossa vida. *A ausência do amor da mãe* reverbera negativamente em outras áreas também extremamente relevantes.

A presença carinhosa dos pais é aroma refrescante, é a robustez da rocha quando precisamos de força para as batalhas mais difíceis, é a estrutura que nos dá segurança para a tomada de decisões que efetivamente importam.

Nada preenche mais do que o amor. Nada dói mais do que estar vazio de amor.

O que colocamos no vazio deixado pela ausência do amor dos pais?

Alimentos? Compras? Doenças? Ansiedade? Angústia? Depressão? Rivotril? Fluoxetina? Traições recorrentes? Fugas? Excesso de trabalho? Álcool? Algumas dezenas de bens materiais à custa da própria vida ou liberdade? Perfeccionismo? Muitos títulos universitários?

A causa primária das dores dos filhos é não serem amados pelos pais.

Uma dor difícil de curar é a dor de não ser tão amado quanto o irmão.

9. Partilha dos bens materiais

Há um remédio para qualquer tipo de erro: reconhecê-lo.

Franz Grillparzer

A preferência afetiva pode originar distinções na distribuição dos bens de herança? Pode ocorrer aos pais de, por gostarem mais de um filho ou por terem um sentimento diferente por um deles, distribuírem bens materiais em maior quantidade para um em detrimento do outro?

Claro que sim!

A distinção, em alguns casos, é absurda, quase criminosa. Já acompanhei casos em que o filho preferido ganhou 70% do patrimônio e o não preferido ficou com os 30% restantes. A matemática fecha, mas é injusta. O que fecha, ou tenta-se, são os olhos para esta dolorida realidade. Um gosto amargo de injustiça certamente irá assombrar o coração do filho desvalorizado. Como não se revoltar? Como não sofrer? Como não odiar tanto aquele que deu quanto aquele que recebeu?

Fingir não ver não significa que não existe e que não dói. Ver dói, e não é pouco! Como se sente aquele filho que recebeu menos? Como lidar com tal realidade? Fingir demência?

Se Pedro recebe muito mais que Maria, que tipo de sentimentos Maria poderá nutrir em relação a Pedro? Não poderá desenvolver, no seu íntimo, sentimento de revolta, ciúme, inveja e competição? É possível que a amizade e o carinho por seu irmão sofram um desgaste e um distanciamento de difícil trato? Como curar essa dor? Como resolver esse conflito entre os irmãos?

Via de regra, quem cria o conflito entre os irmãos são os pais.

Podemos dizer que muitas dessas atitudes são inconscientes? Os pais fazem sem se dar conta? Será mesmo?

Quem não sentiu o peso e a dor que uma injustiça causa? Quais são os sentimentos que, primeiramente, transbordam? Tristeza, raiva, vingança, indignação, revolta, impotência, desespero, submissão? Uma explosão de sentimentos pode ocorrer quando somos acometidos por uma grande injustiça. A paz é assaltada! Como sossegar um coração acometido por uma injustiça? O desejo pela paz é ínsito a toda alma que busca a evolução.

Toda injustiça é sentida igual à *vigorosa agressão.*

Como se sente uma pessoa que foi ludibriada dentro de sua casa por membros da própria família? O que pode justificar tal ato? Como lidar com as injustiças que ocorrem dentro do ambiente que, originariamente, é espaço de proteção e de segurança? Cuidamos da porta da frente, mas esquecemos da porta dos fundos? É possível ser injustiçado por membros da própria família? É o que veremos.

Mário e Francisco

Certa ocasião, um pai agendou um horário para conversar sobre seus dois filhos que viviam em conflito.

— Não sei bem o motivo — disse o pai. — Eles sempre estão competindo e disputando, e rivalizam em tudo.

Contou-me muitas histórias sobre seus filhos, desde o tempo em que eram crianças até os dias atuais. O próprio pai sofria com as contínuas brigas e acusações entre seus dois filhos. Segundo ele, Francisco era o que mais dava trabalho e também o que mais brigava com o irmão e com o pai. Após ouvir atentamente as angústias do pai, solicitei que encaminhasse seus dois filhos para uma sessão conjunta.

— Eu preciso estar junto? — perguntou o pai.

— Não — respondi-lhe. — Num primeiro momento, não há necessidade.

Passaram-se algumas semanas e seus filhos vieram ao consultório. Reservei dois horários, pois imaginei que a sessão poderia não ser muito amistosa. Ambos já eram adultos: Mário, 38 anos, e Francisco, 32. Percebi que estavam com *cara de poucos amigos*. Conversa vai, conversa vem, após algumas evasivas e alguns rodeios, Francisco desatou:

— Para começar, eu não queria estar aqui.

— Nem eu — respondeu de imediato seu irmão Mário.

— Bem — eu asseverei. — Cá estamos para esclarecer a natureza do conflito entre vocês que, segundo palavras do vosso pai, está destruindo a família. Então, cabe a mim dar voz e ouvidos a vocês para elucidarmos o conflito. — Francisco explodiu.

— Já falamos lá em casa sobre isso inúmeras vezes, mas ninguém me escuta! Na verdade, minha mãe compreende, mas não tem pegada para resolver. Somos agricultores e eu fiz faculdade de agronomia, mas não tenho espaço. Todos os privilégios são para o Mário. O mano sabe, mas finge não saber. Claro, né! É o beneficiado! Entendo mais de lavoura do que ele, mas nosso pai pede as coisas para ele e não para mim. Ambos sabemos que sei mais sobre o trabalho do que ele. Contudo, ele ganha coisas que eu não ganho! Para você ter uma ideia, recentemente ele ganhou uma picape que vale mais de 200 mil reais, para mim foi dado um carro de 80 mil, e ambos trabalhamos juntos. Não consigo compreender! Sinto-me muito injustiçado. Fala sério, como faço para não ter raiva deles?

Mário apenas escutava em silêncio e, por vezes, baixava a cabeça olhando para o chão, como que refletindo sobre o que estava ouvindo. Basicamente, foi um monólogo durante todo o horário. Francisco narrou como se sentia durante uma vida de injustiças. Segundo ele, o pai já dera um apartamento novo para o irmão e, para ele, nada. Continuou elencando tantas outras injustiças de menor envergadura, mas que se somavam às outras.

— Envergonho-me em dizer, mas tenho muita raiva do meu pai e do meu irmão!

Mário detinha-se, em resumo, a falar que as coisas não eram bem assim. A melhor defesa apresentada era a de que ele era o filho mais velho, por isso devia receber mais do que o irmão mais novo. Contudo, reconhecia que o irmão sabia mais da lavoura do que ele próprio. Admitiu que ambos aprenderam muita coisa com o pai, mas que Francisco trabalhava mais e melhor do que ele e o pai juntos, acrescentando que seu irmão deveria resolver com o pai as injustiças que tanto alegava, e não com ele, apesar de reconhecer que possuía mais privilégios que o irmão.

A sessão encerrou-se, e ficou bem evidenciado que havia algo de errado. Ambos de certa forma concordavam, mas carregavam sentimentos diferentes sobre a mesma questão.

O coração sofre inquieto enquanto carrega injustiças.

Chamei o pai para dar retorno sobre a sessão e lhe relatei toda a dor sentida pelo filho Francisco. De certa forma, reconheceu que seus próprios comportamentos estavam criando a inimizade entre os irmãos. Num dado momento, sentiu-se culpado. Solicitei que escutasse com o coração todos os reclames do filho Francisco. Às vezes, só pelo fato de ouvirmos as mesmas palavras, mas vindas de outra pessoa, a escuta tem mais validade.

O pai tentou explicar o que não sabia explicar!

Falou, argumentou, mas ele mesmo reconheceu que tecnicamente havia um certo privilégio para com o filho Mário. Relembrou que, na sua família de origem, também um irmão recebera muito mais bens materiais do que os demais. Também não soube explicar o porquê! Entretanto, era visível uma espécie de mágoa deste irmão, e que o relacionamento deles ainda era um tanto conturbado.

Ferimos onde fomos feridos. Machucados e não curados, continuaremos a ferir sem querer. "A cura não vem do esquecer. Vem do lembrar sem sentir dor. É um processo", disse Freud.

O que uma geração não resolve, terceiriza para a seguinte carregar os fardos pesados, sem descobrir sua origem. Sem perceber, repetimos comportamentos vividos por nossos pais, justamente para ter o direito de pertencer, acreditando no íntimo que, sendo iguais a eles, ou comportando-se como eles se comportavam, a inclusão seria concedida. É como se disséssemos: "Se eu for igual a você, vai me incluir, vai me olhar, vai me amar?"

Sempre podemos aprender sobre o amor. "Também o amor se aprende", escreveu Gabriel García Márquez. Ainda há tempo para corrigir aquilo que nós mesmos criamos, seja por cópia de outras gerações, por nossa imaturidade ou inconsciência. Podemos alegar inocência daquilo que ainda não compreendemos. No entanto, como não perceber alguns comportamentos tão desiguais para com os próprios filhos? Que cegueira é essa?

***

— Já fiz minha parte vindo aqui algumas sessões. Agora a *bronca* é contigo, sr. Psicólogo — disse Francisco na última sessão deles. — Mostre a nosso pai que ele está cometendo erros graves e que ainda podem ser corrigidos.

Os filhos não quiseram mais retornar às sessões conjuntas. O pai demonstrou interesse em fazer mais algumas sessões. Sugeri olhar para a dor do filho que se sente injustiçado, o que vem fazendo. Relatou que estava vendo progresso na relação dele com Francisco.

A terapia pode fazer pequenos milagres quando os pacientes cumprem o que foi combinado nas sessões.

Karine e Arnaldo

Karine procurou a terapia por conflitos com o irmão. Contou que, depois que o pai fora acometido por um derrame cerebral, a vida dela virou um inferno. Segundo ela, a relação com seu pai era de outro mundo. Um vínculo maravilhoso, desfilando incontáveis cenas e memórias afetivas com ele. Um amor único, insubstituível e inigualável. O mesmo não pode falar da mãe. Sem saber explicar com palavras, narrou várias cenas de conflitos com a genitora — inclusive afirmando que sua mãe tinha indisfarçável ciúme da relação dela com seu querido pai. Retratou como tóxica a sua relação com a mãe.

— Nunca nos entendemos. Lembro dela me xingando, gritando, humilhando, e meu pai tentando me proteger. Mas, como estava com ela na maior parte do tempo, tenho amargas lembranças que não se apagarão tão cedo da minha memória. Algo me chama a atenção: a relação maravilhosa que eu tinha com meu pai, meu irmão Arnaldo possuía com minha mãe. A relação conflituosa que eu tinha com a mãe, o mano tinha com o pai. Eles nunca se entenderam. Conflitos durante toda a vida. Poderia contar tantas cenas horríveis entre ele e o pai. Na adolescência foi infernal. Era o filho problema, dizia o pai. Tenho muitas memórias da relação deles, mas, basicamente, era o pai criticando-o e depreciando-o. O mano, por sua vez, retribuía com vinganças deste tipo: batendo carros, fumando maconha e indo mal na carreira estudantil. Tudo para irritar o pai, como ele mesmo afirmava.

— Somos agricultores, e quem "tocava" a lavoura era eu e meu pai, já que eu tenho formação na área. Eu residia com meus pais na fazenda, e meu irmão, na cidade. Entretanto, meu irmão, mesmo sem entender muito do ofício, sempre queria tomar conta de tudo, inclusive demonstrava claramente querer ocupar o lugar do pai, com o apoio velado da mãe, mesmo antes de o pai ser tomado pela doença. Meu pai visivelmente percebia as intenções do filho, como também da minha mãe. Ele me alertava. "Quando eu não estiver mais por aqui, acho que você terá problemas com eles." Como o pai estava comprometido com a doença, meu irmão, com o apoio da mãe, foi tomando o seu espaço, e foram estrategicamente excluindo-me das minhas tarefas.

— A mãe dividiu as terras, de forma verbal, em 3 partes. Cinquenta por cento pertencia a ela e os outros 50% divididos entre mim e meu irmão. Essa divisão seria adequada, porém a grande sacanagem foi que ela deu a parte dela e grande parcela dos frutos da colheita para meu irmão! Então, fiquei tecnicamente com 25%. Inclusive, as melhores máquinas foram para ele. Tive que ficar com os equipamentos velhos e financiar outros, já que eles não me emprestavam. Fico estarrecida com a maldade deles.

Segundo Karine, o irmão, por desconhecer a dinâmica dos negócios agrícolas, está colocando o patrimônio em risco, já que adquiriu grande débito junto às instituições bancárias e em breve deverá vender parte da propriedade para quitar suas dívidas.

***

A preferência afetiva, embora negada por muitos, pode ser surreal. Nesse caso fica claro que o pai tinha profunda afeição pela filha e rivalizava com o filho, negando a ele vários privilégios que concedia somente a ela. A mãe, por sua vez, agarrada afetivamente ao filho, percebendo a estreita relação entre seu marido e a filha, assim que pôde concedeu benefícios extraordinários para o filho. Uma competição velada na família. Na verdade, nem tão velada!

A evidente competição interna trouxe gravidade na relação entre os irmãos. A pergunta incômoda que fica: Quem gerou a voraz competição entre os irmãos? Foram os pais, como já vimos! Como fazer para aproximar tamanho distanciamento afetivo entre eles? Quem corrige as injustiças? Uma ação judicial poderia trazer justiça aos bens materiais, contudo, como acalmar os corações? Como reaproximar afetivamente os irmãos? Por onde começar?

Alguns problemas são fáceis para detectar, porém difíceis de resolver.

A dor que um coração sente pelo luto de um irmão vivo, qual medicamento pode acalmar? Quando um ente querido sai da nossa vida, o que colocamos no seu lugar? E os filhos desses irmãos, os primos, poderão construir uma relação próxima e saudável? Quantas gerações poderão carregar conflitos que não lhes pertencem, originariamente?

A preferência afetiva traz consequências graves para quase todas as famílias. Apenas basta estudar como cada uma foi afetada. Após anos de estudos e observações não é difícil interpretar ou observar os danos diretos e indiretos advindos da distinção afetiva.

Quanto antes iniciarmos estudos mais profundos sobre essa temática, mais rapidamente evitaremos seus maléficos efeitos colaterais.

***

Karine continua em terapia. Trabalhamos para que ela continue crescendo, explorando suas habilidades profissionais e, dentro do possível, mantendo uma relação saudável com sua família de origem. Sabemos dos desafios!

— Vou investir mais na minha família atual! Meu marido e nosso filho Joaquim. Eles são o que realmente me motivam a viver.

A orientação é não abandonar a família de origem. Jamais! Entretanto, por mais obtuso que possa parecer, sempre devemos investir mais na família atual do que na família de origem. Quem faz o contrário, é certo que está colhendo amargos frutos desta escolha.

João Pedro e Marcos Valério

João Pedro buscou na terapia a origem de tanta mágoa do pai. Embora, na instância consciente do afeto, já tenha algumas das respostas que tanto procura. Às vezes, precisamos ouvir aquilo que já sabemos para realmente fortalecer nossas suspeitas. A questão é buscar o que está atrás do atrás. Ele trouxe para a sessão que seu pai sempre preferiu o irmão mais velho, o primogênito Marcos Valério.

— Desde que eu me lembre, o pai preferia sair com Marcos Valério. Quando tinha que ir em festas, nas feiras, ou acompanhar algum negócio, ele convidava primeiro o meu irmão. Caso o mano não pudesse ou não quisesse ir, então meu pai me convidava. Até minhas outras irmãs percebiam isso. É demasiadamente notório que ele é o preferido do pai, diziam elas.

Muitos têm na ponta da língua quem é o preferido do pai ou da mãe. Em *todas* as famílias podemos analisar com naturalidade esse fenômeno, não importando a quantidade de filhos.

— Minha família — prosseguiu João Pedro — possui uma transportadora que atende à região do que compreendemos como Cone Sul. No início dos negócios, nós três viajávamos com os caminhões para abrir mercados e novas frentes, com a finalidade de trazer prosperidade para a empresa. Mas algo chamava a minha atenção. Invariavelmente, o melhor caminhão e os melhores destinos cabiam ao meu irmão fazer. Eu não conseguia disfarçar meu descontentamento, inclusive, protestei em várias situações diretamente ao nosso pai. Todavia, sempre tinha uma desculpa esfarrapada, uma resposta medíocre dizendo que era implicância e ciúmes desnecessários de minha parte.

— Quando a gente se reúne, percebo claramente que a relação deles é mais afetiva, que sorriem mais e se abraçam com frequência. Comigo não é assim, e olha que eu tento chegar mais perto, porém sinto que tenho um certo distanciamento do meu pai, uma barreira e muitas dificuldades para abraçá-lo. Percebo que ele também não se sente muito confortável com minha presença. Difícil entender isso. É muito mais fácil abraçar a minha mãe, é mais leve, sinto-me acolhido por ela. Isso não acontece com ele. Dói-me perceber que ele e meu irmão se dão muito bem e não lembro de um dia sequer que tenha sido diferente dessa realidade. Dói demais não ter o amor e o carinho do meu pai. Claro que sinto ciúmes e inveja do meu irmão e mágoa e raiva do meu pai. É difícil evitar, negar ou conter esses sentimentos.

— Com a terapia compreendi por que fui um filho revoltado, doente e tristonho. Quantas vezes briguei no colégio, faltava às aulas, problemas com álcool e uma rebeldia sem causa aparente. Não foram raras as vezes em que *roubei* seu carro e saí à noite escondido, tendo problemas com a polícia por ser menor de idade. Quantos problemas lhe causei! Por conta desses comportamentos, ganhei o título de *filho problemático*.

— Entendi que tudo isso e tantas outras coisas foram para que ele me notasse, me percebesse e me incluísse. Tudo para chamar a sua atenção, para ter o seu amor! Quanto desgaste, quanto sofrimento para mim, para ele e para todos os demais membros da família! Minha mãe tentou, de todas as formas, intermediar as intermináveis discussões, alguns empurrões e grosserias sem fim. Nunca nos demos muito bem. Agora compreendo que buscava carinho, colo e um pouco de amor. Mas ele nunca veio da forma que eu necessitava. Lembro dele dizendo: "Meu Deus, você tem tudo o que quer, não lhe falta dinheiro, carro, faculdade, trabalho. Você tem tudo!" Toda vez que ele dizia isso, sentia-me extremamente culpado, porque ele tinha razão. Mas não era isso que eu buscava. Apenas desejava sua aprovação, um elogio, mais compreensão, queria o que meu irmão tinha de sobra. Porém nunca recebi. Devia ter desistido de tentar. Nem eu entendia por que criava tanto problema para mim mesmo. Hoje, compreendo melhor!

— Criei tanta dor para minha família. Na verdade, eu queria mostrar a minha dor, que eles a percebessem. Reconheço que fiz das piores formas, com mútuas frustrações, mágoas, raivas, desentendimentos e sucessivas decepções. Recebi punições, ameaças, rupturas e distanciamento paterno. Em troca, fazia o mesmo. O que eu recebia, eu dava.

***

Hoje, na terapia, buscamos um caminho de reconciliação com seu pai, que, inclusive, já veio em sessões juntamente com o filho João Pedro. A relação deles está caminhando para novos rumos de entendimento e de paz. Existe paz no coração quando estamos em harmonia com nossos pais.

Certa vez, ao sair do consultório, João Pedro deixou um bilhete na poltrona em que costumava se acomodar nas sessões de terapia. Depois que ele saiu da sala, curioso, li o bilhete, que continha amáveis dizeres parafraseando Carlos Drummond de Andrade: "No meio do caminho havia um psicólogo. Havia um psicólogo no meio do caminho. Depois disso, houve outro caminho".

Emocionei-me!

Janesca e Joelma

Janesca procurou-me por excessivos conflitos com sua mãe. Comentou que desde pequena tem sérios atritos com ela.

— Meu amado pai, após anos de luta contra uma doença terminal, faleceu quando eu tinha apenas 10 anos de idade. Lembro dele praticamente acamado, dia e noite. Eu sempre estava ao seu lado; gostava de estudar e de brincar no quarto dele. A partir de sua morte, senti-me completamente sozinha e desprotegida, tendo um vazio incompreensível que até hoje me acompanha. A questão maior é a minha mãe.

— Qual é a natureza do conflito entre vocês duas? — perguntei.

— A bem da verdade, tenho sérios atritos com minha mãe e com minha irmã Joelma. Mágoas da mãe e raiva da minha irmã. Mas você logo vai entender e tenho certeza que me dará razão.

— Eu entendi, desde cedo, que não devemos ser filhos *tomadores* (sugadores) dos pais. Faz tempo que compreendi que tenho que caminhar com minhas próprias pernas se quero ter minhas coisas e devo alcançar minhas próprias conquistas. Nossa mãe nos ensinou a pensar desta forma. Concordo com ela. Não devemos querer, tomar ou chantagear nossos pais para conseguirmos crescer na vida. Temos braços e pernas saudáveis para conseguir, com nosso suor, o sucesso que desejamos. Baseada nesta premissa, fui à luta!

— Minha cidade natal, na época, não possuía curso de enfermagem. Hoje tem uma bela universidade que oferece este e outros cursos. Como meu desejo era ser enfermeira, forçadamente tive que abandonar amigos e família e mudar-me para outra cidade, para realizar meu sonho.

— Atualmente, sou enfermeira e trabalho num hospital bem conceituado na cidade de Passo Fundo, RS. Sou reconhecida pelas minhas habilidades humanas e especialmente técnicas. Já recebi propostas de trabalho de outros hospitais e de clínicas especializadas, devido ao meu alto grau de profissionalismo. Tenho muito orgulho disso.

— Nosso pai era médico e construiu um patrimônio financeiro suficiente para todas nós, para esta e para a "outra vida". Vários investimentos em bens imóveis, aplicações financeiras e outras rendas robustas. Minha mãe queria que eu fizesse medicina, mas não era meu desejo. Caso eu não fizesse, ela ajudaria a pagar somente metade da prestação da faculdade. Assim foi feito! Fiquei revoltada com a decisão dela; meus amigos e parentes também não compreenderam o real motivo de ela fazer isto comigo. Fiz um curso de técnico de enfermagem e comecei a trabalhar. Após, ingressei no curso de enfermagem, que era o meu sonho original e, com o dinheiro do meu trabalho, consegui honrar a minha parte da mensalidade do curso. Porém, desde a sua catastrófica decisão, os sentimentos ruins que eu tinha em relação a ela se agravaram. A relação, que poderia ser afetiva, tomou rumos desagradáveis.

— Recordo que nossas desavenças são antigas, que eu não gostava de ficar com ela desde criança. Ficava o tempo todo com meu pai. Ela me agredia porque eu não saía do quarto, xingava-me, dizia palavrões, surtava e, aos gritos, afirmava que eu atrapalhava sua vida. Nunca entendi o motivo de ela dizer isso. Como uma criança pode, de fato, atrapalhar a vida de uma mãe?

— Minha irmã Joelma fez faculdade de agronomia, tendo a mensalidade inteiramente paga pela mãe. Ao questioná-la sobre a diferença de tratamento entre nós, ouvi o argumento que o curso de agronomia era de turno integral, então, não havia possibilidade de a filha trabalhar. Claro que não me convenceu. Não sou burra nem cega a este ponto! Explique-me, como não ter mágoa de uma mãe assim, como não ter raiva da irmã que percebe a evidente injustiça no tratamento, faz de conta que não vê e ainda abusa dos benefícios?

— O pior ainda está por vir — disse, comovida. Minha irmã casou-se no mesmo ano em que concluiu a faculdade. Seu marido também cursou agronomia, eram da mesma turma e concluíram juntos o curso. Pediram para a minha mãe para ajudá-los num projeto de arrendamento de 400 hectares de terra para o cultivo de soja, numa cidade distante. A mãe prontamente apoiou. Com o passar dos anos, eles pediram auxílio financeiro para comprar toda a área que haviam arrendado. Inicialmente, a mãe teve uma certa resistência, mas, em seguida, concordou. Foram alguns milhões de reais que a mãe simples e generosamente deu para a minha irmã, porque até hoje não lhes cobrou retorno financeiro algum do valor "emprestado".

— Agora, vamos ao meu caso. Como o salário de enfermeira não é lá grandes coisas, pedi ajuda para comprar um apartamento de 2 quartos. Depois de muita insistência, de vários pedidos humilhantes, finalmente a mãe ajudou-me financeiramente. O valor da ajuda, se comparado ao valor que minha irmã recebeu, é insignificante e não lembro da minha irmã ter que se humilhar para receber o que solicitou.

— A questão é que nossa mãe nos ensinou, a vida toda, que deveríamos conquistar nossas coisas com as próprias pernas. Agora, observe a diferença de tratamento! A hipocrisia é enorme! Ao comparar os valores recebidos por uma e pela outra, não existe possibilidade de compreender tamanha desfaçatez! Nenhuma! Não há argumento no mundo que me faça entender. Penso que ela vai me punir até o final da sua vida por não ter atendido os seus desejos de cursar medicina. Lembro que ela falava que gostaria de ter cursado medicina quando jovem. "Ah, se eu pudesse voltar no tempo", choramingava pelos cantos. Mas era o sonho dela, não o meu"!

— Toda aquela conversa de que deveríamos conquistar nossos sonhos com nosso suor, mostrou-se ser um falatório enganoso. Eu exigi um imóvel por ver milhões sendo generosamente doados para a minha irmã. Esperei, por um bom tempo, pela iniciativa da minha mãe em comprar um apartamento para mim. Nunca chegou o gesto espontâneo. A diferença de tratamento é absurda! Minha irmã mora a cerca de 500 km da casa da mãe; eu a cerca de 100 km. Nos últimos 3 anos, minha mãe foi visitá-la várias vezes, ao passo que neste mesmo período não recebi visita alguma.

— Vou deixar o tempo transcorrer. Ele é o senhor da verdade! Por ora, vou cuidar da minha saúde mental e guardar as melhores ferramentas para serem usadas na hora certa.

Janesca está focada no seu trabalho e no seu novo namorado. Está feliz, vivendo esta doce fase do namoro. Ela não é gananciosa em termos materiais, mas sabe dos seus direitos. Vai visitar sua mãe a cada 2 meses, mas com a irmã quer manter uma certa distância. Falam-se por telefone semanalmente, mas diz que é um fardo ter que conversar com tanta frequência. Sabe que jamais serão melhores amigas!

***

Ao ouvir relatos dessa natureza, é possível perceber a absurda diferença de tratamento. Algumas narrativas de pacientes são mais discretas e as injustiças não são tão gritantes, todavia, elas existem e são facilmente detectáveis.

O ambiente familiar, que deveria ser um ambiente de proteção, de igualdade, de acolhimentos justos, acaba se mostrando um lugar hostil e um berçário de sentimentos tóxicos, tanto de pais para com os filhos e vice-versa. É deste ambiente que nascem praticamente todas as dores.

Como amar os que não nos amam?

Como evitar sentimentos desagradáveis diante de situações de injustiças? Por mais que caminhemos evolutivamente para sermos pessoas melhores, ainda não conseguimos oferecer a outra face diante de certas agressões que sofremos, especialmente de pessoas que nos são queridas. Como confiar naqueles que deveriam ser exemplos de boa conduta e modeladores de comportamentos, se eles não o são? Sim, todos erramos, entretanto, alguns pais erram de forma desastrosa, absurda e infantilizada. Os pais precisam olhar para essa questão com mais propriedade, diligência e maturidade.

A matéria-prima das terapias é a dor humana, a dor evidente ou a dor camuflada, revestida de defesas. É natural querer esconder a dor, não querer senti-la, afinal, a dor fere, machuca, e trazê-la de volta para a consciência é viver novamente o mesmo sentimento dolorido. Assim sendo, proteger-se parece ser uma boa estratégia, mas, na verdade, não é. Negar é repetir o mesmo evento logo ali adiante.

Os pais machucam seus filhos sem querer ou fingem não perceber?

***

Janesca prossegue em tratamento. A terapia é um escape, inicialmente, para dar vazão às dores emocionais. Pode demorar um bom tempo para que as feridas desse tipo de dor que um paciente sente sejam cicatrizadas.

— Não há possibilidade de cicatrizar minhas feridas! — disse ela. — Quando percebo que elas estão recebendo um bálsamo, logo recebem novo corte. Como saná-las convivendo com pessoas insanas?

Janesca compreende que o caminho com sua mãe será espinhoso. Ela recebe instruções da terapia para fazer a sua parte, que é 50%. Afinal, quem procura quem? Os pais procuram seus filhos ou o contrário?

Enquanto um filho depende emocionalmente ou financeiramente de seus pais, é ele que deve procurá-los.

10.
Os avós têm netos preferidos?

Psicologicamente falando, você não cura suas feridas. São elas que te curam.
Alfred Adler

Os avós têm papel fundamental na vida de seus netos e vice-versa. Estudos indicam que tanto os avós quanto os netos, que conviveram de forma constante e afetivamente presentes, desenvolveram menos episódios depressivos ao longo de suas vidas.

É bastante comum que, com o passar do tempo, as pessoas se tornem melhores, uma versão aprimorada de si mesmas. Maior maturidade emocional, melhor controle sobre seus comportamentos e impulsos, sendo que algumas se tornam, seguramente, mais afetivas.

Na sua maioria, os avós têm uma *queridice* natural justamente pela expressão íntegra do afeto. Como não possuem o dever de educar os netos, que é papel inerente aos pais, podem dedicar-se à demonstração de um amor eminentemente puro e construtivo, sem o caráter exigente do educador.

As normas e os limites são instrumentos importantes da educação, entretanto, cabe exclusivamente aos pais darem o tom e a direção pretendida. Não é tarefa fácil, pois envolve ideias e sentimentos de três gerações (avós, pais e netos). Tendo a severidade da educação potencialmente afastada, os avós auxiliam na construção de pessoas mais afetivas, já que preenchem espaços vazios decorrentes da ausência dos pais, por motivos diversos.

Atualmente, a própria lei reconhece a presença importante do amor recíproco entre avós e netos, dando aos avós o direito de reclamar em juízo pela privação da companhia de seus netos, por vezes resultante de conflitos familiares. Excetuam-se os casos que realmente são considerados graves. Por avós, leia-se os de sangue, os de coração e os de adoção.

Mas o foco aqui é outro. A questão é:

Os avós possuem netos preferidos?

Sim! Os avós possuem netos preferidos!

A preferência afetiva, em muitos casos, também pode ser arrasadora para os que não são os escolhidos do coração.

A dinâmica em si é a mesma. Assim como se dá com os filhos, o processo da química é o mesmo. Os avós têm uma identificação, uma atração, uma química, um amor diferenciado por algum ou alguns dos netos. O fenômeno também é totalmente inconsciente. Podem amar mais, ou querer presença frequente de um dos netos em detrimento de outros.

Também não há culpados nesse processo, tampouco existem responsáveis. É um fenômeno como tantos outros que habitam nosso insondável inconsciente. O que tem se verificado? Pessoas se defendendo veementemente desta possibilidade, apresentando ideias em defesa própria com descabidos argumentos carregados de negação.

É uma dinâmica comum que ocorre, praticamente, em todas as famílias. Precisamos olhar para esse acontecimento com mais cuidado, justamente para evitar comparações, demonstrações afetivas exclusivas com alguns dos netos, com importante prejuízo em relação a outros.

Necessitamos olhar para algumas direções mesmo que as entendamos como indesejáveis, especialmente quando existem pessoas que se encontram em sofrimento. O fato é: se tem dor, é necessário olhar, sim!

Quantas reclamações escutadas em consultório! Quantos relatos de sentimentos machucados para os quais, mesmo com a terapia, por vezes não se encontram respostas razoáveis para acalmar corações aflitos.

***

Jocasta é mãe de duas filhas: Joana e Ana Paula, de 9 e 13 anos, respectivamente. Trouxe, na sessão, que é presença atuante na vida de sua mãe, que está viúva há quatro anos. Suas filhas também participam com a mesma intensidade na vida da avó, isto é, são ativamente presentes.

— Tenho outra irmã, a Francisca, que possui um menino de 8 anos. Moram em outra cidade distante, a aproximadamente 250 km de Passo Fundo, RS. Rarissimamente minha irmã fala com nossa mãe, e é mais raro ainda visitá-la. Praticamente, nossa mãe não existe nem para ela, nem para seu filho de 8 anos, que nunca entra em contato com a avó, quer por ligação ou por mensagens de WhatsApp. É um descaso maiúsculo com a avó. Parece doer mais em mim que na própria mãe, pelo abandono tanto da Francisca quanto de seu filho.

— Qual é a sua dor? — perguntei, curioso.

— O que me dói é que eu e minhas filhas investimos na minha mãe. Mas ela só tem olhos para a Francisca e para o ausente neto, que não a valorizam. A gente a visita, dá atenção, atendemos várias de suas necessidades; somos, de fato, presentes na sua vida. Contudo, ela valoriza muito mais a filha distante, a filha que não lhe dá a mínima e o neto que simplesmente finge que a avó não existe. Essa é a minha dor. Como isso é possível? Sempre tive certeza que a Francisca era sua filha preferida, não tem como negar. Eu sobrevivo, com mágoas, mas sobrevivo. Minha dor maior é que minha mãe repete o mesmo comportamento distante que teve comigo, agora também com minhas filhas. Além de não conseguir compreender, é impossível fingir que não percebo, e está sendo doloroso conviver com a confusão de sentimentos que brotam no meu coração. Fazer isso comigo, eu aguento, tratar-me dessa forma, eu resisto, mas fazer com minhas filhas, repetir o mesmo comportamento com elas, isso é demais para mim!

— Já conversou com sua mãe sobre como se sente com relação a isso tudo? Experimentou mostrar de forma clara para que ela possa perceber? — indaguei.

— Claro que sim! No início era com voz calma. Hoje, a comunicação é carregada de raiva e mágoa, é comunicação violenta. Sabe a única coisa que ela diz? Que sou ciumenta, exagerada e que não é verdade. Até minhas filhas já perceberam que a avó fala mais sobre o neto que não lhe dá atenção alguma. Inclusive, elogia ele na frente delas, sem ao menos elogiá-las. Para você ter uma ideia, uma única vez o neto ajudou-a com alguma tarefa e até hoje ela lembra e enaltece o gesto. Porém, para as minhas meninas, que a ajudam a todo momento, ela não lembra de dar um elogio sequer.

— Por vezes, a mesma crítica que recebi da minha mãe durante toda a vida, agora as netas recebem. Durante o tempo em que eu a Francisca morávamos com nossa mãe, minha irmã recebia elogios frequentes. Não lembro de ouvir cobranças da mãe dirigidas para a sua filha preferida. Comigo era o tempo todo. Até minha irmã já admitiu para mim que percebe que a mãe é bem mais amável com ela do que comigo.

— Tenho raiva da minha irmã, apesar de gostar dela. É contraditório, eu sei. Ainda bem que ela mora longe, caso contrário, voltaríamos a brigar como sempre fazíamos enquanto morávamos juntas. Sem contar que o carro que a minha irmã tem, a mãe ajudou com uma boa quantia em dinheiro, ao passo que o meu, não ajudou com centavo algum! Não me venha dizer que você acha isso normal, porque não é! A única coisa que a mãe sabe dizer sobre isso quando toco no assunto é que tenho ciúmes injustificados. Sabe qual é o nome que se dá a isso?

— Prossiga! — respondi atentamente.

— Cegueira psicológica. "O pior cego é aquele que não quer ver." É patético, ridículo, inacreditável! Ela não consegue ver, é incapaz de perceber a absurda diferença de tratamento que tem comigo em relação à minha irmã! Agora, a cegueira é com os netos. É cegueira transgeracional! — disse com ar de deboche.

***

Madalena é mãe de um lindo menino de 8 anos, o João Gabriel. Buscou a terapia por mágoas do seu pai, avô de João Gabriel. Este doído sentimento decorre da ausência do avô na vida de seu neto. Ele ignora totalmente seu neto, segundo Madalena.

— Ele finge que seu neto não existe. Dói ver meu filho querendo o avô nas brincadeiras, buscando um carinho, um afago que não vem. O avô escorrega de fininho e ainda diz que meu filho é chato porque não larga do seu pé. Penso que o papel dos avós é mais importante do que eles imaginam. Eu lembro, com muita frequência, do meu amado avô materno, do quanto ele brincava e fazia coisas por mim. Sempre tinha doces. Também recordo da minha mãe brigando com ele por causa das guloseimas. "Vai estragar esta menina com tanto dengo e tanto doce." Não sabia minha mãe o bem que aquilo me fazia.

— É inevitável a comparação! Quanta diferença entre o que meu avô fazia por mim com o que meu pai faz por meu filho. Sei que as pessoas são diferentes, mas meu pai podia fazer, no mínimo, alguns agrados do tipo: levar ao shopping, ao cinema, à sorveteria ou comprar algumas guloseimas. Claro que eu também o repreenderia pelos exageros, porque seria o meu papel de mãe. Faz parte do teatro dos reclames com os avós pelos abusos nos doces. Cada um no seu papel — disse rindo. Como eu gostaria que meu pai demonstrasse alguma afeição pelo meu filho.

— É seu único neto? — perguntei, com curiosidade.

— Não. Tenho um irmão, o Guilherme, que também tem uma filha de 5 anos, a Ane. Você não vai acreditar no que vou lhe falar. Para esta neta, são sempre os melhores presentes, leva-a ao colégio (nunca levou meu filho), à sorveteria escondido para que eu não saiba, e leva-a ao estádio assistir a partidas de futebol. Leva a menina e deixa o menino em casa. Como pode isso? A gente acaba descobrindo através de outros familiares, o que dói imensamente. É difícil descrever a dor que sinto, pois dilacera meu coração. Já peguei várias vezes o telefone para encher ele de *lixo*, mas não tenho coragem. Um dia certamente terei e direi tudo o que tenho engolido há anos. Quanta injustiça escutar meu filho dizendo: "Mãe, acho que o vô Fernando não gosta de mim. Sei que ele gosta mais da Ane."

— Quanta raiva! Não bastasse isso, ainda tenho que enrolá-lo, mentir que é impressão dele, que isso não acontece. Pensa comigo: tenho que mentir para meu filho, para justamente protegê-lo da mesma dor que eu sinto! Minto para ele, da mesma forma que meu pai mente para mim!

— Meu irmão é coerente. Ele disse que nosso pai sempre preferiu ele a mim, que tinha mais privilégios com nosso pai. Também confirma minhas suspeitas de que o avô demonstra gostar mais da Ane do que do João Gabriel. No verão, nas férias escolares, os avós raramente levam meu filho à praia com eles. Alegam que meu filho é mais agitado. De fato, ele é um pouco mais inquieto que a Ane. Porém, ela não ficou um só verão longe deles. Tento conversar com minha mãe sobre esse assunto, mas ela evita falar. Apenas limita-se a dizer: "Sabe como é teu pai, se eu falar ele briga comigo".

— Assim vou fingindo que nada está acontecendo. O problema é que estou ficando com raiva do meu pai e estou fugindo deles. Tenho inventado várias desculpas para não ir visitá-los. Minha mãe está sentida com tudo isso, mas diz que me entende, que compreende a minha dor. É dor para tudo que é lado — disse com tristeza visivelmente estampada em seu semblante.

***

É bastante comum as preferências afetivas perpassarem as gerações. Os filhos dos filhos preferidos tendem a ser também os mais preferidos, é como se a linha do amor contínuo prolongasse abaixo do filho preferido. Os netos dos filhos preferidos têm preferência aos netos dos filhos não preferidos. Não é matemática exata, mas a incidência é alta. Basta observar.

Algumas pessoas falam de forma espirituosa: "Não gosto de ir a médicos, porque quem procura, acha". No seu íntimo, sabem que isso pode ser verdade. Procurar por algo é querer ir ao encontro da verdade e das próprias realidades construídas ao longo do caminho. Entretanto, muitos se escondem dentro de seus medos, por pressentirem que poderá ser doloroso demais saberem a verdade sobre si mesmos. O fato de não querer saber não significa que não existam.

Tanto o mal quanto a verdade anseiam por se mostrar.

A resistência é a grande responsável por muitas coisas ruins continuarem potencialmente machucando pessoas. É como se a resistência "soubesse" que, se passar por ela, a realidade surge. O fato é que, depois que algo é revelado, não se pode mais escondê-lo, nem mais alegar os artifícios da inocência.

Netos têm avós preferidos?

A química do afeto de um filho pode ocorrer com sua avó e não com sua mãe. O fluxo do amor contínuo pode acontecer com seu avô e não com seu pai. Quantos netos têm um amor maior pela avó do que pela mãe, pelo avô do que pelo próprio pai? A química pode acontecer mais com os avós do que com os próprios pais.

Quantos pais, por não possuírem um amor genuíno pelos seus filhos, terceirizam a maternidade para os avós? É bastante comum uma mãe não amar o filho como deveria e basicamente *abandoná-lo* na casa da avó. Muitas vezes, os pais deixam seus filhos para os avós por necessidades reais, como doenças, trabalho, mudança de cidade, separações, etc.

Não é incomum ouvir relatos de pessoas que choraram mais no velório de um dos avós do que no velório de um, ou de ambos os pais. Nesses casos é fácil perceber que o vínculo afetivo se firmou mais consistentemente com os avós e não com os pais. Nos casos em que os avós foram incumbidos da criação dos netos, a convivência diária pode ter fortalecido, e muito, o vínculo entre ambos.

O convívio fortalece o vínculo entre as pessoas.

Velório

Muitos se culpam e se cobram por não chorarem ou por derramarem poucas lágrimas no velório de um dos pais. Além do luto, carregam uma culpa pesada por chorarem minimamente pela perda de um dos pais, ou até por ambos.

Sempre é importante lembrar que, com aquele com quem o amor ocorreu de forma mais genuína, aquele com quem o fenômeno químico magicamente aconteceu, aquele com quem o vínculo é maior, é bem provável que os olhos e o coração sentirão muito mais quando a perda bater à porta.

Por quem choramos mais?

Por quem mais nos amou durante a vida ou por aqueles que estiveram afetivamente distantes de nós? Por aqueles que o afeto está mais estreito ou por aqueles que o vínculo afetivo nunca foi realmente consolidado?

***

Sim, os netos têm avós preferidos!

Na verdade, os avós preferidos são aqueles por quem os netos, primeiramente, foram preferidos, porque o fenômeno dá-se de cima para baixo, e não de baixo para cima. Dessa forma, é compreensível que um neto goste de ir à casa dos avós paternos e não à casa dos maternos, ou vice-versa. Também pode ocorrer o afeto cruzado: o neto adora o avô materno e a avó paterna. Pode amar mais a avó materna e o avô paterno, somente os avôs ou somente as avós.

Qual neto(a) está mais próximo (inclusão) e quais estão mais afastados (exclusão) do seu coração?

11. Pais narcisistas

Para ver muita coisa é preciso despregar os olhos de si mesmo.
Friedrich Nietzsche

O narcisismo é um transtorno que causa prejuízos para as relações afetivas tanto na vida da pessoa que possui a patologia quanto na vida dos que com ela convivem.

O termo *narcisista* provém do nome Narciso, da mitologia grega, que conta a história de um jovem extremamente belo que desprezava todas as pretendentes. Uma profecia avisou-o de que não poderia ver sua imagem, sob risco de morrer. Certo dia, descuidadamente, viu sua própria imagem refletida no espelho das águas de um lago e prontamente apaixonou-se pela sua ímpar beleza. Enfeitiçou-se tanto que ninguém conseguiu tirá-lo da contemplação de si mesmo. Morreu sedento e faminto, junto ao lago, de tanto admirar-se. Não amou ninguém, senão a si mesmo. Esta é uma das características fundamentais do narcisismo.

Pais narcisistas constroem lares disfuncionais!

Os filhos são constantemente criticados, violentados psiquicamente e, em alguns casos, até fisicamente. São invalidados de forma recorrente afetando profundamente sua autoestima, seu amor-próprio e sua autoconfiança, ferramentas vitais para a segurança emocional de um indivíduo.

Características comportamentais de pais narcisistas

- Não reconhecem erros, raramente pedem desculpas e não assumem a responsabilidade pelos seus atos.
- Perfeccionistas e demasiadamente críticos.
- Necessitam ser o centro das atenções, exigindo tratamento especial devido à exagerada autoimportância.
- Frequentemente utilizam a chantagem e a manipulação para atingirem seus propósitos.
- Possuem percepção excessiva de si mesmos, sentindo-se superiores às outras pessoas.
- Excessiva autoestima atrás da qual, na verdade, escondem fragilidades emocionais e incapacidade para amar.
- É comum não vibrarem com as realizações dos filhos, sendo capazes, inclusive, de invejá-los. Não incentivam o seu crescimento e podem se tornar castradores de seus sonhos, pois a independência dos filhos representa ameaça à soberania sobre eles.
- São mestres em gerar culpa nos filhos, mesmo quando eles não a possuem.
- Ignoram ou diminuem as conquistas dos filhos que não correspondem às suas expectativas.
- Via de regra são tóxicos, abusivos, arrogantes e donos da verdade.
- Falta-lhes empatia pelos filhos.

***

Não devemos abandonar membros da própria família, mas, às vezes, é indicado fazer o movimento da *sanfona*: aproximar-se e afastar-se de um pai ou de uma mãe narcisista. Conviver dentro de uma atmosfera saudável, mantendo o alerta ligado, pois a qualquer momento os comportamentos tóxicos podem se manifestar.

É provável que pais narcisistas tenham tido pais ou mães narcisistas; eles também cresceram em ambientes tóxicos e abusivos. É transgeracional, comportamento copiado. A princípio, seguimos e reproduzimos o modelo que tivemos e não o que queremos. Por conviverem especialmente na infância e na adolescência com pais narcisistas, quando adultos entendem que agem dentro da normalidade, não percebendo os excessos que cometem.

Pais narcisistas olham para seus filhos com zelo, com cuidado, mas têm dificuldades para amá-los. Podem apoiá-los, porém, com certa resistência.

***

Manu buscou a terapia por estar demasiadamente distanciada da sua família. Seu pai morreu quando tinha 11 anos de idade. Da família original restou somente a mãe e sua única irmã, com as quais não mantém convívio.

— Estou casada, não tenho filhos e nem pretendo tê-los. Talvez seja por mágoas da minha infância, mas o fato é que não quero pôr filhos no mundo para que sofram. Atraí alguém que também sofreu muito com os pais quando criança e, da mesma forma que eu, está decidido a não ter filhos. Mas a questão não é essa.

— Estou afastada da minha mãe. Tenho dúvidas se devo aproximar-me dela ou manter-me longe. Ela tem personalidade insidiosa, traiçoeira, e, além do mais, tenho várias memórias negativas da nossa história. Ela não foi e não é uma boa mãe. Cresci na vida graças ao meu esforço e dedicação. Sou empresária do ramo de joias e tenho uma loja maravilhosa muito bem localizada na minha cidade.

— Pouquíssimas vezes ela foi à minha loja comprar os produtos que vendo, mesmo sendo de excelente qualidade. Que eu me lembre, deve ter ido umas três vezes até meu estabelecimento, porém, em duas ocasiões devolveu os produtos que levou na condicional, dizendo que não eram bons. Na verdade, eram ótimos. Uma única vez comprou uma joia de valor expressivo, sendo que sua condição financeira é invejável. Dinheiro nunca foi o problema. Porém, trinta dias após a compra, retornou à loja para devolver alegando que não era bem o que gostaria de ter comprado. Soube que usou a joia por duas ocasiões em eventos sociais. Falava comigo na presença das funcionárias, com grosseria, como se fosse eu a responsável pela sua escolha.

— Minhas funcionárias achavam um absurdo a maneira que ela conversava com elas, com um atrevimento e uma arrogância insuportáveis, e como ela comportava-se comigo. Elas viam a humilhação que eu passava. Solicitava que a gente lhe mostrasse vários produtos e os desprezava na maioria das vezes, com algum comentário carregado de desdenho. As funcionárias fugiam dela.

— Mas eu, por muitas vezes, não consegui. Permanecia sem me defender, sem revidar, porque tinha aprendido nos cursos de autoconhecimento que devemos honrar pai e mãe. Mas como honrar uma pessoa que me desonrou durante todo o período em que morei com ela? A loja é umas das únicas formas com as quais ela consegue me atingir. Ela comprava produtos em outras lojas de qualidade inferior e pedia que fosse à casa dela para visitá-la, mas na verdade era para mostrar os produtos, comparando-os com os meus. Sentia muita raiva, mas não revidava.

— Também desonrava a minha escolha afetiva, não aceitando o meu marido porque ele me protegia. Logo ele percebeu a nossa dinâmica. Ela me agredia e eu não me defendia. Um dia, cansei das agressões e dei um basta! Liguei para ela e explodi! Pedi um tempo para a nossa relação. Solicitei que não me procurasse, não me ligasse e não fosse à loja, porque eu iria expulsá-la de lá. Mandava textões pelo WhatsApp debochando da minha decisão, comparava-me com minha irmã, dizendo que jamais chegaria aos pés dela, que eu era uma ridícula e "rogou praga" contra o meu negócio.

Atualmente, estamos bem afastadas e minha vida melhorou muito. Não gosto de falar dessa maneira, mas eu estou bem melhor do que minha irmã em todos os aspectos. Todos!

— O que mais sinto com relação a ela? Muita culpa, como se eu fosse a única errada da história, porém hoje, com a terapia, percebi o mal que ela me causou e deseja causar. Saudades não tenho, e vontade de vê-la, por ora, também não.

***

Sugeri à Manu que permanecessem afastadas por mais um tempo, que durante a terapia descobriríamos alguma forma de atenuar o conflito, caso desejasse. O distanciamento e a busca da total independência afetiva da mãe foi o tema abordado na terapia. O tempo poderá mostrar uma solução confortável para elas. Alguns conflitos não serão possíveis de serem resolvidos porque necessitam da boa vontade e da motivação de ambas as partes, o que nem sempre acontece. No momento presente, Manu tem mostrado interesse em filhos, olhando de uma forma mais leve e otimista a opção da maternidade.

Quantos têm medo de reproduzir com seus filhos justamente o que fizeram com sua infância, evitando ter sua própria família por receio de que a história se repita? O medo da repetição pode castrar o desejo da maternidade ou da paternidade.

***

Eduardo é filho de empresários no ramo da alimentação. Seus pais construíram uma grande fortuna graças aos seus méritos.

— O que me traz até a terapia é ter recursos e ferramentas para lidar com minha insuportável mãe. Aquela mulher "me tira do sério". Juro a você, quase dei um tapa na cara dela semana passada! No mesmo instante percebi que necessitava de ajuda, que estava doente. A bem da verdade não me sinto doente, mas ela me faz sentir um monstro.

— Não me julgue precipitadamente! Minha mãe sabe usar as palavras certas sempre que deseja me atingir. Ela adora cutucar-me com suas afiadas palavras. Lembra daquele filme *Edward Mãos de Tesoura*? É ela — disse rindo. — Estou rindo de nervoso. Nunca fiz terapia, mas estou me sentindo bem. Que estranho; apesar de sentir alívio, sinto culpa por falar mal dela.

— Faz parte do processo. Falar sobre fatos que verdadeiramente ocorreram não é falar mal, é apenas relembrar — respondi.

— Então vou continuar, mas agora sem culpa. Tenho um irmão, o Antony. Nossa mãe compara a gente o tempo todo, instiga a competição, nos faz acreditar que somos melhores do que todo mundo, o que dificulta fazer amigos. Se por um lado ela estimula a gente a se sentir superior a todos, por outro, faz a gente se sentir inferior com suas falas depreciativas.

— Aos 17 anos comecei a trabalhar na empresa dos meus pais. Iniciei no chão de fábrica, como se diz. Passei por todos os setores, um a um, e cresci junto com a empresa. Hoje tenho 32 anos e conheço basicamente toda a dinâmica da organização. Sei tanto quanto eles, já que me delegam os desafios mais importantes, mas eles não reconhecem meus méritos, especialmente minha mãe. Nunca tive muito apoio, mas, como sou metido, fui melhorando todo o parque das máquinas da produção, a qualidade do clima da empresa, contratei psicóloga para a melhoria das relações interpessoais, instituí treinamentos, construí maravilhosas condições de trabalho para todos e o lucro nos últimos anos cresceu em torno de 100%. A evolução da empresa foi incrivelmente positiva! Mesmo sem o apoio deles, fui fazendo, construindo e melhorando. Os resultados surgiram rapidamente. A parte desagradável é que não reconhecem o que faço.

— Meu pai não me detona, mas também não elogia. Minha mãe quer me convencer de que o crescimento se deu pelas intervenções deles, especialmente pela dela. Cara, ela não faz muita coisa pela empresa, basicamente vai a bancos e recebe os colaboradores e fornecedores. Eu chamei os consultores do Sebrae, estabeleci planejamentos estratégicos, metas e desafios, criei uma linha nova de produção, abri novos mercados no Mercosul e países do Leste Asiático e ela tem coragem de falar uma asneira dessa! Ela é cruel, manipuladora e me faz sentir um nada. Está sempre à procura dos meus erros, parece ser sua obsessão na vida. Ela adora me diminuir, criticar com afiadas palavras e humilhar-me diante dos funcionários. É tóxica, abusiva e arrogante.

— Desde criança, nunca recebi um elogio sequer, nenhum reconhecimento por meio de gestos, olhares ou palavras. Sinto falta disso. Eu tenho sobrevivido sem o seu apoio, mas sinto que a vida fica um pouco mais pesada. O reconhecimento é muito estimulante para mim. É combustível vital para que eu siga minha missão na empresa. Mas já entendi que não o terei!

***

O pai de Bento é um médico bem-sucedido tanto na medicina quanto nos seus robustos investimentos imobiliários. Diferentemente do pai, Bento não fez medicina e ainda não é tão bem-sucedido na profissão que escolheu.

— Concluí a faculdade de Administração na USP. Continuei meus estudos com especializações nas áreas da Controladoria, Gestão Financeira e Planejamento Estratégico, visando contribuir para os negócios do meu pai. Contudo, ele sempre insistiu que eu cursasse medicina, porém, não tenho a menor vocação para a área da saúde. Foi o suficiente para não receber apoio dele quando fui a São Paulo. Nossa relação nunca foi próxima, mas, com a ida, piorou sobremaneira. Apesar de gostar muito dessa área, fui também por insistência e estratégia da minha mãe, sob o argumento de que falaria com meu pai para que eu lhe auxiliasse nos negócios da família. Penso que deveria ser consequência natural, um olhar espontâneo no sentido de acolher um filho nos negócios que um dia serão do próprio filho.

— Recebo atenção dela somente quando insisto muito. Percebo que ela me dá atenção escondida. No fundo, sinto que ela tem medo dele. Certa vez, minha mãe comentou que meu pai sentia ciúmes de mim toda vez que ela me dava afeto e que ele competia comigo, mesmo com a escassa atenção que eu recebia dela. Achei ridículo! É assunto de família nos finais de semana; encoberto, é claro. Tenho uma irmã que mora em Londres e sei que eles se falam frequentemente. Nunca recebi uma ligação dele nos anos em que estive em São Paulo. Após a formatura, ele não me deu espaço para cuidar dos negócios da família. Minha mãe também é próspera em seu negócio. Possui uma transportadora com mais de oitenta caminhões. Basicamente, administra-a sozinha, com uma equipe reduzida de funcionários na gestão da empresa. O que eu acho estranho é que ela pergunta para ele onde investir o dinheiro que é fruto do seu trabalho e de sua ímpar inteligência. Minha mãe é manipulada por ele e, no que diz respeito a mim, não consegue nada com ele.

— A renda mensal do meu pai ultrapassa meio milhão de reais. Na minha ingenuidade, tinha certeza absoluta, embora nunca tenhamos tocado no assunto, que após retornar dos meus estudos ele abriria espaço para eu gerenciar os seus negócios, ou ao menos introduzir-me aos poucos. Ele tem gente capacitada que cuida muito bem de suas finanças, mas eu estava seguro de que ele daria um bom lugar para mim, afinal, eu também me capacitei para as funções de gerência e controle. Sempre estive entre os cinco melhores da turma, todos os anos. Além do mais, sou seu filho. Pelo jeito, filho de sangue mas não de coração!

— Quanta ilusão! Ele disse que era para eu começar como ele, sem ajuda, com esforço próprio. Afirmava que eu deveria sofrer para aprender, que repetisse a história dele, que somente dessa forma eu daria valor para as coisas. Sei que ele pensava desta forma, mas ouvi-lo falar foi muita crueldade. Fui à luta, foi o que me restou. Tornei-me um excelente colaborador de uma empresa de investimentos, cresci, conquistei um dos maiores cargos dentro da organização. Meu chefe está se mostrando um verdadeiro pai para mim: me apoia, incentiva, valoriza cada negócio que trago para a instituição. Vibra, elogia e me estimula para crescer! Contudo, o salário ainda é baixo. Tenho mais amor por ele do que pelo meu pai.

— Minha mãe lamenta que a gente não seja próximo, mas não faz muita coisa para mudar a situação. Nos encontros da família, narro feliz meu crescimento, minhas conquistas, a compra de um carro maravilhoso. Ele compete comigo, diz que não sei comprar, que a mecânica é cara, que a cor não é bonita, que tem carro melhor, que deveria ter comprado um carro de verdade, um importado. Nem tenho grana para isso e ele não oferece nenhum centavo para me auxiliar. O fato é que nada que eu faça satisfaz meu pai. Não me elogia, não valida minhas realizações, diminui-as e me faz sentir sempre pequeno ou culpado, tendo a sensação de que não faço nada direito. Ele é tóxico, abusivo, crítico contumaz, obcecado e ciumento. Quando minha mãe me dá um abraço ou um colo, ele olha de forma fulminante para ela, ao ponto de ela retirar-se do ambiente para evitar desconforto para todos.

— Certa vez minha esposa comentou que ele a olhava com olhos estranhos, carregados de desejo. Provavelmente para me atingir, para me ferir, para gerar conflitos entre mim e ela. Somos muito felizes no nosso casamento. Ele nos inveja porque todos sabem que o casamento deles é de fachada, pois ele sempre teve amantes, desde o primeiro ano do seu casamento. Sempre saía com suas alunas, pois ele é professor universitário também. Atualmente, estamos afastados, principalmente depois do que minha esposa falou. Como conviver com um pai que dá em cima da mulher do próprio filho? Ele deveria estar sentado numa poltrona de consultório acompanhado por uma equipe de psiquiatras. Um psicólogo sozinho não dá conta — disse rindo.

***

É lamentável quando os pais competem com os filhos, que não os autorizam a ir além deles. Para muitos pais competidores, é uma dor intolerável ver que um filho possa os ultrapassar nas conquistas, tanto de bens materiais quanto de títulos ou de outros triunfos. Vejo isso com frequência. Amor disfarçado de competição, de disputa, de apoio que não é apoio. Por vezes, é comum ver um pai orientando um filho de forma equivocada. É consciente ou inconsciente? Às vezes, suscita a dúvida, outras vezes, é uma verdade esculpida de forma clara.

Como agir com pais competidores que não apoiam os filhos a crescerem? Como lidar com pais narcisistas que são desprovidos de amor verdadeiro para com suas próprias criações? Seguir carreira solo ou ficar junto mesmo sendo humilhado, criticado, percebendo que apoiam o crescimento de outros e não dos seus próprios descendentes?

A independência financeira e afetiva de pais narcisistas é meta de vida!

12.

Afinal, o que realmente importa?

> *Não há nada mais importante na vida do que a própria vida, e o homem passa por ela sem se dar conta do bem com que foi favorecido.*
>
> Ramatis

Este livro aborda um incrível fenômeno que, na minha percepção, encontra-se na lista dos maiores eventos (talvez o maior) na construção da relação entre pais e filhos. Tem importância relevante na formação do vínculo, do afeto, da qualidade e do destino desta relação.

A obra não pretende a defesa ou acusação de nenhum personagem desse complexo relacionamento. Pais e filhos estão entrelaçados e emaranhados entre si, do primeiro ao último suspiro de vida. De ambos! Lembremo-nos de que:

Todos somos filhos, mas nem todos seremos pais!

Uma pessoa madura também pode ser compreendida como alguém que viveu a mesma dor sob diferentes perspectivas até compreender seus mecanismos e libertar-se. Onde há dor, faltou algo. Uma dor pode permanecer por anos se ficarmos apenas olhando para o que faltou. Olhar é valorizar e fortalecer aquilo que olhamos. Precisamos agir, ter atitudes para compreender e superar nossa dor.

Por qual razão amadurecer é sempre um processo doloroso? Porque resistimos, porque recusamo-nos a modificar o que nos ensinaram. Somos leais aos primeiros conceitos que aprendemos, e evoluir passa, necessariamente, por modificar a própria domesticação do pensar. Isso pode ser realmente assustador, porque o processo não tem fim. O fim é o limite que estabelecemos para nós mesmos.

Recordando, o que faz o ser humano sofrer não são propriamente as mudanças, e sim a resistência às mudanças.

***

Na eterna questão com os pais, o que realmente importa?

A vida é a melhor resposta. Nenhuma outra resposta atende com tanta completude. Fazer-nos *existir* sempre será o melhor feito dos pais, e o que vier depois disso é entendido como abundância.

Bert Hellinger, criador da Constelação Familiar, foi também um terapeuta que muito valorizou o papel primordial dos pais. "A vida é o suficiente." "A vida é o essencial." Os pais deram-nos o suficiente, o essencial do essencial. Qual dádiva pode ser maior do que existir? Tudo, simplesmente tudo, decorre do existir. Qual herança é maior do que a vida, do que receber a "gratuita" oportunidade de senti-la e experimentá-la?

Na maioria das vezes, os filhos comportam-se como "tomadores", como eternos pedintes dos pais. Filhos que entendem que os pais lhes devem algo são pessoas imaturas que ainda estão esperando pelo leite materno ou pelo colo paterno. Quem está neste lugar ainda é uma criança! Ainda não compreendeu sua função e seu lugar neste mundo.

No workshop EFI — Estratégias Fatais da Infância — costumo perguntar para os participantes: "Quanto vale sua vida? Você a venderia por 100 mil reais? Por 500 mil? Por 1 milhão?" Qualquer pessoa sensata responderia sem hesitar que NÃO! Por qual razão? Porque a vida não tem preço. Seguindo o raciocínio de que a vida não tem preço, significa dizer que nenhum fato, nenhum acontecimento, nenhum erro que os pais cometeram pode ser superior à vida que deram ao filho.

Zilhão é um pseudonumeral que indicamos quando não se pode contar algo. Por exemplo, não temos condições, até o presente momento, de contar com precisão a quantidade de estrelas existentes na nossa galáxia, quiçá no nosso sistema solar. Por isso dizemos que há um *zilhão* de estrelas.

Voltemos aos nossos pais!

Quando os pais nos dão a vida, eles possuem zilhões de créditos conosco, já que a vida não tem preço.

Até quando exigiremos que nossos pais continuem nos dando, contribuindo, pagando pelos supostos erros que, na verdade, muitos deles não cometeram? Ou pagando pelas nossas imaturidades porque ficamos estagnados no tempo, esperando que quitassem um débito que em essência existe somente no nosso imaginário? Até quando iremos continuar correndo atrás deles, querendo o seu amor e a sua atenção? Vejo todos os dias no consultório: filhos "adultos" exigindo ou cobrando carinho, afeto e atenção primária dos pais.

Filhos que cobram são filhos que dão pouco!

Como os filhos conseguem tornar devedores os verdadeiros credores? Caso você empreste 500 bilhões de reais para uma pessoa, e em contrapartida esta mesma pessoa empresta-lhe 2 mil reais: quem é o verdadeiro credor? Quem é o verdadeiro devedor?

Como foi dito, a vida não tem preço! Os pais nos emprestaram zilhões, um valor que não se consegue contar por ser tão numeroso. Se utilizamos o que temos de valioso para entender as coisas, que é o raciocínio lógico, como conseguimos inverter a dívida? Que conta mágica e fictícia é essa?

Filhos: libertem os pais do indevido título de devedores! Libertem-se do indigno papel de credores dos seus pais!

Quando olhamos para nossos pais e compreendemos que eles não nos devem nada, neste mágico instante o passaporte para a vida adulta nos é concedido. Somente neste instante! Quantos, efetivamente, conquistaram tal passaporte por legítimo direito?

Quem ainda coloca os pais no banco dos réus não é digno de ser chamado de adulto.

Quando compreendemos, na alma, que os pais nos deram o essencial, os libertamos de todos os fardos e dívidas que lhes atribuímos injustamente. Não nos esqueçamos de que:

A raiz de toda saúde psíquica está na boa relação com nossos pais.

***

Durante todo o livro explorei o fenômeno da química entre pais e filhos. É necessário esclarecer que não há culpados nem responsáveis neste processo da química, afinal, ela acontece ou não, é um evento que não podemos controlar. A partir desse evento, a maioria dos filhos, seja consciente ou inconscientemente, tornam os pais devedores e tornam-se credores deles. Mas, como foi visto, isto não é uma possibilidade, embora seja comum ter este entendimento.

Tornar os pais devedores é ingenuidade, é desconhecer os mecanismos essenciais da vida.

A hierarquia

Algumas coisas são inegociáveis. A hierarquia é uma delas. Onde a hierarquia não é observada, outro grave acontecimento emerge: o desrespeito. O respeito também é inegociável!

No sistema familiar, os pais estão acima dos filhos.

É o suficiente para determinar que em nenhuma hipótese e sob pretexto algum os filhos têm alguma possibilidade de serem superiores aos pais, hierarquicamente falando. Jamais! Os filhos podem ser mais inteligentes, mais ricos, mais conhecedores de um ou de outro assunto. Isso realmente pode acontecer! Mas não implica que se sintam superiores aos pais.

Os pais chegaram antes, por isso serão sempre maiores do que os filhos. Basta remeter nosso pensamento a uma empresa na qual, hierarquicamente, ninguém é superior ao criador, ao proprietário. Alguns funcionários podem saber muito sobre a empresa, ter conhecimentos que são indispensáveis para a manutenção da instituição. Contudo, isso não torna o funcionário maior que o dono. Ele recebe financeiramente e, talvez, obtenha outras formas de recompensas ou reconhecimentos por exercer sua função. Há um certo ou justo equilíbrio entre o dar e o receber, que é uma das bases maduras para todas as relações.

É um erro grave o funcionário achar-se superior ao criador da empresa! É um erro gravíssimo o filho achar-se superior ou credor dos pais!

No momento que os criticamos ou julgamos, tornamo-nos superiores e arrogantes. A arrogância humana nasce quando achamos que somos superiores aos nossos pais.

Em última instância, no topo da hierarquia sistêmica poderia estar aquilo que compreendemos como Deus ou

Criador. Falar de Deus é muito complexo, até porque é possível que tenhamos 8 bilhões de diferentes conceitos sobre Ele. É algo que pode ser difícil para nosso intelecto conceituar. Porém, considerando a hierarquia, os pais são a continuação da Divindade, pois são eles que dão vida a tudo e a todos. Se não existissem pais e mães ou, no mais amplo aspecto, masculino e feminino, nenhuma vida existiria, e este planeta estaria totalmente árido e estéril.

Os pais são considerados como cocriadores da Criação Divina, uma vez que eles também são geradores da vida.

Os líderes de qualquer religião são como velas a iluminar e relembrar o verdadeiro caminho que deveríamos percorrer. São como o sino que toca para despertar os que ainda dormem. Porém, não são os verdadeiros representantes de DEUS. Todas as titulações dos religiosos do mundo são convenções e honrarias humanas, não necessariamente divinas. São pessoas passíveis de erros justamente por serem humanos como todos nós. Mas, sem dúvida que alguns, não todos, cumprem sua função com maestria e excelência. Cabe concluir, então, por raciocínio lógico, que:

Os representantes diretos de Deus na Terra não são os líderes religiosos, mas sim os pais!

A reverência aos pais

Por essa razão, devemos nos curvar e reverenciá-los respeitosamente. Quando reverenciamos os pais, é como curvar-se a Deus. Ao olharmos para "cima", inicialmente enxergamos os pais. Depois os pais dos pais, numa fileira interminável de pais e mães e, no topo da hierarquia, encontramos o que muitos chamam de Deus, Criador ou outro nome, conforme a crença religiosa que cada um professa e acolhe no seu coração.

Ao reverenciar os pais, é como se disséssemos à vida, ao Criador e aos próprios pais que tudo o que aconteceu na relação entre pais e filhos está tecnicamente correto. Podemos não gostar do que aconteceu; podemos, inclusive, viver carregados de mágoas e frustrações por nossos pais não terem nos dado isso ou aquilo, por não terem feito tal coisa ou por se ausentarem em momentos muito importantes para nós.

Ainda, somos egoístas e narcisistas, pessoas que julgam os pais a todo instante, por erros que nós arbitramos, com penas duríssimas iguais a juízes carrascos. Todos nós já percebemos que, quando erramos, em qualquer matéria da vida, não erramos porque queremos, e sim porque somos imaturos naqueles pontos.

Assim também são os nossos pais.

Nossos pais não tiveram tempo ou maturidade suficiente para viver pensando em não errar. Eles viveram suas vidas como puderam e, acreditem, deram a sua melhor versão. O fato de gostarmos ou não é irrelevante perante a vida. Não gostar do que fizeram é problema nosso, não deles!

Basicamente, todo ser humano mente ou erra ao menos uma vez ao dia. Não é por má-fé, mas sim por ser imaturo e inconsequente. Não somos projetos finalizados com perfeição. Somos feitos de metade mãe e metade pai. Sim, os pais são imaturos também em algum ponto. Também erram basicamente todos os dias. Por quê? Porque o erro faz parte do processo, não há possibilidade de excluí-lo. É melhor nos familiarizarmos com ele.

Nossos modelos originais (pais) foram imperfeitos, nossos criadores não tiveram compreensão plena da vida. Somos cópia da cópia, assim como eles também o são. É óbvio que todos somos imaturos em vários aspectos da nossa existência. Todos somos alunos na escola da vida. O professor que explica e orienta também é aluno dessa mesma escola. Quando ele olha para "baixo", ele ensina, quando olha para "cima", ele aprende!

A maturidade plena se dá quando libertamos nossos pais e assumimos o controle da nossa vida. Olhar e julgar os pais é olhar para trás, agindo como criança. Este movimento enfraquece todo ser humano! Olhar para a frente é olhar para o futuro e assumir com dignidade nossas próprias escolhas. Este movimento fortalece todo ser humano.

Com qual dor desejamos conviver?

Com a dor de olhar para trás e não crescer? Ou com a dor de olhar para o futuro e construirmos nossa própria história? Ambos os movimentos têm dor, porque tanto não amadurecer quanto amadurecer dói, e muito! "Das suas vulnerabilidades virá a sua força" (Freud).

A saúde mental necessita estar em paz com nossos pais!

O respeito aos pais

O respeito a qualquer ser humano é característica inerente a todo ser evoluído. Desrespeitar qualquer pessoa, a despeito de todas as titulações do mundo, é característica comportamental própria a todo indivíduo que está numa fase atrasada de desenvolvimento, especialmente no campo da moral e da espiritualidade.

O desrespeito aos pais é um movimento grave que deve ser imediatamente interrompido.

É falta gravíssima que um filho pode cometer. Não há razões no mundo que justifiquem tal ato, nenhum argumento é aceitável. Caso os pais tenham incorrido em falta grave, há pessoas competentes no mundo em todas as áreas que julgarão seus comportamentos. Mas não os filhos! Filhos juízes, não! Filhos podem encaminhar os pais a pessoas qualificadas no caso da necessidade de alguma orientação, apoio, ou para limitar algum comportamento que um dos pais ou ambos possam estar cometendo contra alguém. Refiro-me ao julgamento, ao sentenciamento dos movimentos dos pais. Filhos não julgam nem condenam. Apoiam quando necessário, mas com respeito.

Cabe aos filhos agirem como filhos, nada mais. Qualquer papel diferente disso é passível de erro. Se for cuidar, cuide como filho. Se for falar, fale como filho. Se for pedir, peça como filho. Seja o que for, aja como filho e não como superior aos pais.

Estou iniciando os escritos de outra obra que será sobre desordens familiares. Tema interessantíssimo que trata sobre o complexo e difícil destino daquelas pessoas que ocupam um lugar que não é seu no sistema familiar. É trama sem fim! É desordem que atrai desordem, é drama que atrai drama, é dor que atrai dor.

A partir do momento que tomarmos consciência de que os pais são compreendidos pela hierarquia, como "deuses", que também estão buscando seu processo evolutivo, que ainda estão querendo encontrar sua melhor versão, nossos olhos poderão vê-los de outra forma. Sem dúvida alguma, o seu processo foi mais difícil que o nosso por conta dos escassos recursos de toda ordem. Contudo, deram o máximo de si, construíram um mundo melhor e assim foi com todas as gerações anteriores. Tudo para quê? Para que tivéssemos mais qualidade de vida em todas as áreas de desenvolvimento de uma sociedade.

É necessário desenvolver carinho e amor aos pais! É saúde mental da melhor qualidade. Quem está preenchido de pai e de mãe, dificilmente sentirá vazios existenciais, insatisfações ou sentimentos de não pertencimento. Quem não aceita os pais que têm, procura substituí-los com moedas, títulos, bens materiais e outros recursos que não preenchem!

Quem olha para seus pais e sente-se preenchido por entender exatamente como eles são, jamais se sentirá sozinho neste mundo.

Os pais são como canções de ninar que tocam para nosso coração ouvir. São músicas que embalam nossos sonhos tristes e angustiantes nas noites que parecem não amanhecer. São como o sopro de um vento suave que nunca cessa. São a primeira força que impulsiona para a vida.

Entretanto, para ouvi-los e senti-los, existe uma condição: nosso coração deve estar em paz com eles.

Quem aceita os
pais como eles são,
desvendou um dos
maiores mistérios
e segredos da vida!

13.

Oração para libertar os pais

Meu pai *fulano de tal*

Minha mãe *fulana de tal*

Eu vejo vocês

Eu reconheço vocês

Dou-lhes um bom lugar no meu coração

Peço perdão pela minha arrogância

Peço perdão por me sentir superior a vós

Peço perdão por todas as vezes que os julguei, porque na minha ignorância e egoísmo enxerguei somente a minha própria dor

A partir de hoje, aqui e agora:

Enxergo-vos como verdadeiros Deuses e cocriadores da vida, legítimos representantes diretos de Deus.

Reconheço que o cuidado, o zelo e toda forma de carinho são amores de verdade

Liberto-vos e liberto-me de toda sensação de que me devem algo
Liberto-vos e liberto-me de todas as dívidas porque, na verdade, nunca existiram
Liberto-vos de todo compromisso de me salvarem
Seguirei meu próprio destino, porque tenho forças para isso
Forças que recebi de vós, e que agora reconheço-as em mim
Por carinho, por honra, por respeito, por amor, por gratidão eu vos reverencio
Porque sei que, na Terra, tudo o que eu reverencio, também me reverencia
Obrigado, obrigado, obrigado por tanto!

vitrola®

@vitrolalivros

VITROLA EDITORA E DISTRIBUIDORA LTDA.
Rua das Camélias, 321 — Aparecida
CEP: 98400-000 — Frederico Westphalen — RS
Tel.: (55) 3744-6878 — www.vitrola.com.br
editora@vitrola.com.br
www.vitrola.com.br